初心者でも失敗しないテクニックがいっぱい

世界一ていねいなスパイスカレーの本

水野仁輔

JINSUKE MIZUNO

Introduction by Jinsuke Mizuno

スパイスカレーの
入り口に立っているみなさん、こんにちは。
ようこそ、めくるめくカレーの世界へ！
スパイスを使って作るカレーには特別な魅力があります。
それは、圧倒的に香りがいいこと。
その香りは素材の味わいも引き立てます。
口に運ぶとハッキリとしたインパクトがあって、すっと消えたかと思うと、
後からしみじみと「うまいなぁ」という印象を残します。

でも……、と扉の前で戸惑ってはいませんか？
ノブに手をかけるかどうか、迷っている。わかります。
スパイスと聞くとなんだか難しそうに感じる。失敗したらどうしよう。
誰だって最初は不安になります。だから、失敗しないテクニックを
「これでもか！」というほど詰め込みました。プロセス写真も解説もどっさり。
なんせ、世界一ていねいなレシピ本ですから。

まずは基本中の基本を伝授します。
その上で、さらにお得な情報も教えちゃう。
「ここまで手間をかければもっとおいしくなるんだよね」というポイントと、
「そんな面倒なことやれないよ、ズルしようぜ」というポイント。
どの道を選んでもOK。スパイスカレーの扉を自分で開く必要は
ありません。もうすでに開いてますから。

あと一歩を踏み出す
だけです。

水野仁輔

Contents

2 Introduction

6 みんなが作りたいカレーは
3stepでおいしくできる！

10 これだけは知っておきたい
スパイスの基本

12 本書で使うスパイス図鑑

14 この本の使い方

64 CURRY Q&A その1

124 CURRY Q&A その2

126 Conclusion

Recipe 1

16 基本のチキンカレー

arrange

28 ズル&てま チキンカレー

variation

32 骨つき肉のぶつ切りチキンカレー

33 鶏手羽中ほぐしのチキンカレー

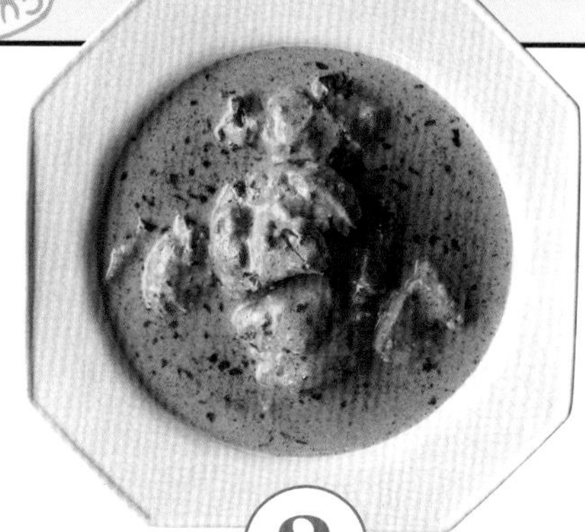

Recipe 2

34 基本の
バターチキンカレー

arrange

42 ズル&てま バターチキンカレー

variation

46 黄色いバターチキンカレー

47 煮るバターチキンカレー

Recipe 3

48 基本のキーマカレー

arrange

58 ズル&てま キーマカレー

variation

62 ハンバーグくずしキーマカレー

63 合びき肉と夏野菜のキーマカレー

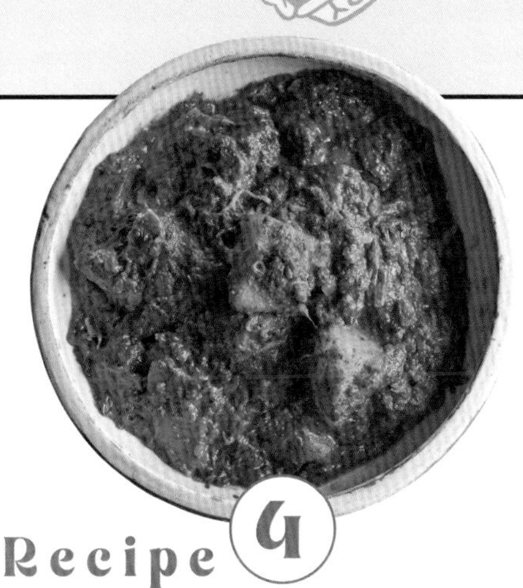

Recipe 4

66 基本の
ほうれん草カレー

arrange

76 ズル&てま ほうれん草カレー

variation

80 ザグチキンカレー

81 パニールとほうれん草カレー

Recipe 5

82 基本の豆カレー

arrange

90 ズル&てま 豆カレー

variation

94 ミックスビーンズのカレー

95 ポタージュ風豆カレー

Recipe 6

96 基本のグリーンカレー

arrange

104 ズル&てま グリーンカレー

variation

108 エビのレッドカレー

109 魚のイエローカレー

Recipe 7

110 基本の
ポークビンダルー

arrange

118 ズル&てま
ポークビンダルー

variation

122 豚バラスライスカレー

123 ビーフビンダルー

みんなが作りたいカレーは 3step でおいしくできる！

基本 3step

炒めて煮る。その間にスパイスを入れて混ぜます。
どんなカレーにも通用するシンプルな手順です。

Step 1 炒める

Step 2 スパイスを入れる

Step 3 煮る

かんたんに言うと……

炒めて
スパイスを入れて
煮ると
カレーになる！

炒める

step 1

誰が何と言おうとカレー作りで最も重要な手順は、「炒める」です。香りを生むのも味を深めるのも前半の「炒める」のがカギ。サポーターとして活躍してくれるのは油。加熱を促進させます。ここで仕上がりの大部分が決まると言えるでしょう。

鍋に油を入れて火にかける

カレー作りに必要な要素❶
油

カレー作りに必要な要素❷
火

しょうがやにんにく、玉ねぎなどのベースの味となる野菜を炒める

ここでしっかり水分を飛ばせるかどうかがカギ

おいしさの理由

つぶす

炒めるときに意識したいことのひとつめは、「つぶす」です。玉ねぎや野菜を鍋に加えたら炒めながら形をつぶしていく。「脱水」を意識してください。素材に含まれる水分を外に出し、飛ばせば形がつぶれます。**素材の味わいが濃縮されて強まる**んです。

色づける

炒めるときに意識したいことのひとつめは、「色づける」です。玉ねぎや野菜に熱が加わると表面が色づいていきます。すると**香ばしくて食欲をそそる香りが生まれる。**これを「メイラード反応」と言います。素材の味わいをよりおいしく感じられるんです。

step 2 スパイスを入れる

スパイスを入れるタイミングはとっても重要です。ポイントは、水を加える前にすること。スパイスが持つ香りの成分は、水よりも油に定着することが多いからです。油で炒める手順の後にスパイスを入れれば、香りが立ち上り、鍋中にとどまります。

スパイスを入れる ▶

カレー作りに必要な要素❸
スパイス

塩を入れる ▶

カレー作りに必要な要素❹
塩

おいしさの理由

香りをつける

スパイスは加熱して温度を上げると揮発する香りが強まります。でも加熱しすぎると焦げた匂いが生まれてしまう。だから、スパイスを入れたら「炒める」というより「混ぜ合わせる」くらいの感覚で十分。香りを確認しましょう。

どんなカレーにも油・火・スパイス・塩・水分が必要

煮る step 3

カレー作りの手順としては最も気楽にできるのが「煮る」です。火加減を調整したり、混ぜ合わせたり、ということはするものの、技術による差は出にくいからです。自分の代わりに鍋と熱源が頑張ってくれる。時間経過がおいしくしてくれます。

水分を加える

具を加える

煮る

※レシピによっては具を炒めてから加えるものもあります

おいしさの理由

引き出す

水分とともに「煮る」ことによって、**素材自体に含まれている味わいを引き出す**ことができます。これが煮ることの効果のひとつめです。ある程度の時間煮ると抽出された味わいが素材の中に戻っていくこともあります。味見して確認しましょう。

おいしさの理由

調和させる

煮るときに鍋中にある素材はひとつではありません。炒めた野菜、メインの具、隠し味などさまざま。引き出された**それぞれの味わいが混ざり合い、調和してなじみ、まとまった味わいになる。**これが煮ることの効果のふたつめです。

これだけは知っておきたい
スパイスの基本
Basics of Spices

まず

すべてのスパイスに「味をつける」という役割はない

スパイスは植物の種や根、葉、実などのさまざまな部位を採取して、乾燥するなどの加工をしたものです。スパイスカレー初心者の人から「完成したら味が薄かったのでスパイスを足しました」と言われることがありますが、これは間違い。スパイスに「味をつける」という役割はありません。**スパイスの役割は「香りづけ」「色づけ」「辛みづけ」の3つです。**スパイス自体に味があるわけではなく、味のするものをスパイスによって際立たせます。仕上がりの香りや色、辛さなどをイメージしながら配合していきます。

スパイスの役割

★ 香りづけ

ほとんどのスパイスが香りをつける役割をしています。スパイスの香りは味を邪魔することはありません。肉の臭みを消す役割も。

★ 色づけ

ターメリックやレッドチリ、パプリカなどの赤や黄色のスパイスが色づけの役割をしています。配合により仕上がりの色を変えられるのはスパイスカレー作りの醍醐味。

★ 辛みづけ

レッドチリやブラックペッパーなどが辛みづけの役割をしているスパイスです。スパイスの辛さは食欲を増進するともいわれます。

パウダースパイスの配合は4人分で大さじ2を目安に考える

スパイスを使うときに大切なポイントはふたつ。「使用量」と「使用種類」、「配合比」です。使用量の目安はパウダースパイスのみなら４人分で大さじ２程度。種類は３～４種でもできますし、多くても10種類以上は使いません。配合比は、その中でのバランスとなります。**「ターメリック」と「レッドチリ」を少しずつ、「コリアンダー」と「クミン」を多めに。**これを基本形として覚えておきましょう。あとはお好みで。他に自分で選んだスパイスは控えめに配合すればバランスがくずれることはありません。自分史上最良の配合を探しましょう。

王道４種の組み合わせ

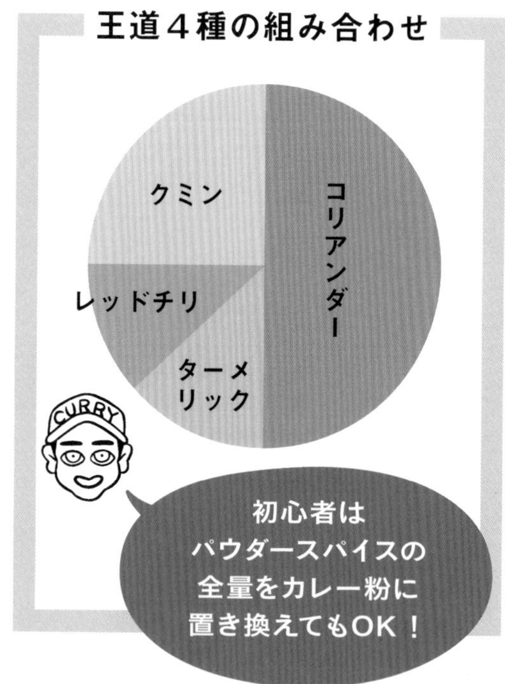

スパイスの
形状はいろいろ。
それぞれに特徴がある

スパイスは植物の一部を採取し、加工したもの。摘んで間もない状態はフレッシュのまま。つぶせばペーストになります。つぶさずに乾燥させればドライのホールスパイス。粉状に挽けばパウダースパイスに。スパイスは、最も香りのいい状態、保存がきく状態、使いやすい状態などを考慮して加工されます。結果、生まれる香りの印象も変わるんです。基本的には**「形を残せば穏やかに香り、形をつぶせば強く香る」**ととらえておいてください。「形をつぶしたものは香りが飛びやすく、形を残したものは香りが持続しやすい」ことも重要です。

採取したスパイス

- 生のまま → フレッシュスパイス → すりつぶす → スパイスペースト
- 乾燥 → ホールスパイス → 粉状に挽く → パウダースパイス

それぞれの特徴

★ ホールスパイス
乾燥させることでより風味が強くなって長期保存ができるようになります。カレーに入れるとパウダーよりも香りが穏やかで、継続しやいのが特徴です。

★ パウダースパイス
ホールスパイスを粉状に挽いたものです。挽くことで食材に絡みやすく、加熱するとすぐに香りが立ちます。色づけの役割をするスパイスは基本的にパウダーで使います。

★ フレッシュスパイス
生のまま使うハーブや香味野菜などもスパイスの一種といえます。代表的なものが香菜（パクチー）です。生のままのフレッシュな香りを生かして使います。

★ スパイスペースト
数種類のスパイスを合わせてすりつぶしたものです。すりつぶすことで香りが立ちます。タイのグリーンカレーペーストなどがそれにあたります。

本書では
形状関係なく
同じタイミングで
加えます！

CURRY

本書で使う スパイス図鑑

Spice encyclopedia

ホールスパイス

クミンシード

はじめに揃えたいホールスパイスのひとつ。ゴマのように小粒なので、油で炒めるとすぐに香りが立ちます。カレーだけではなく、炒め物などにも使われます。

グリーンカルダモン

小粒のスパイスで「スパイスの女王」とも称されます。さや（殻）の中には黒い種が入っており、その種に爽やかな香りがあります。油で炒めると弾け飛ぶこともあるので注意。

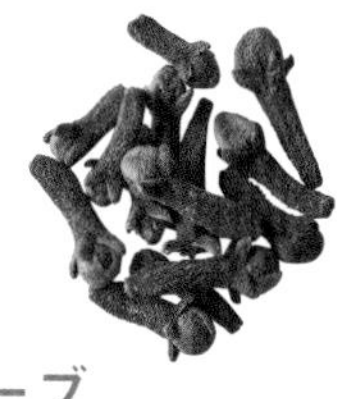

クローブ

花のつぼみを乾燥させたもので、ホールの状態でよく使われます。甘く濃厚な香りでカレーに奥深さを出して、肉の臭みを消す効果もあります。多めに加えると苦みが出るので控えめに。

シナモン

肉桂の樹皮を乾燥させたもの。大きめのものやステック状のものあり、甘みを引き立てる効果があります。カレーのほか、ホットドリンクなどにも使われます。

レッドチリ

唐辛子のことです。鷹の爪とも呼ばれます。辛みスパイスの代表格。世界に3000種類もあり、南米産、インド産、韓国産など色や大きさもいろいろ。

あれば

カスリメティ

甘い香りが特徴のフェネグリークの葉を乾燥させたものです。ちょっとクセのある深煎りした緑茶葉のような香りがします。カレーのほか、エスニック料理の風味づけに使われます。

フレッシュスパイス

香菜

シャンツァイやパクチーとも呼ばれます。その独特な爽やかな香りは好き嫌いが分かれますが、ハマる人も多いです。料理のトッピングなどにも広く使われます。根まで使えます。

グリーンチリ

青唐辛子のことです。唐辛子が赤く熟す前の状態で収穫したもので、鮮烈な辛みが特徴です。旬の時期に入手して、冷凍保存しておくと便利です。シシトウで代用することもあります。

スイートバジル

いろいろな種類があるバジルのなかでもスーパーなどで手に入りやすいのがスイートバジル。甘くスパイシーな香りが特徴。タイではグリーンカレーのペーストのベースに利用されます。

あれば

こぶみかんの葉

タイ料理にはかかせないハーブです。タイでは「バイマックルー」と呼ばれています。独特な爽やかな香りがあり、タイカレーやトムヤムクンなどさまざまな料理に使われます。

それぞれの
スパイスの特徴を
説明します！

パウダースパイス

コリアンダー

世界最古のスパイスのひとつです。香菜（パクチー）の種を粉末にしたものです。他のスパイスと合わせたときに風味のバランスをととのえるので、多めに使われます。

クミン

クミンシードの粉末で、すぐにカレーをイメージできる香りが特徴です。カレー粉の主材料として使われます。どんな食材とも相性がよく、広く使われます。

レッドチリ

赤唐辛子の粉末です。カイエンペッパーともいわれます。強く刺すような辛みが特徴。「チリパウダー」というスパイスもありますが、これは別ものなので、注意しましょう。

ターメリック

鮮やかな黄色が特徴です。和名は「ウコン」。カレーの色づけに欠かせないスパイスですが、入れすぎると苦みが強くなります。しょうがの仲間で、辛みはほとんどありません。

パプリカ

辛みのない唐辛子の仲間、パプリカをパウダー状にしたもの。甘い香りが特徴です。カレーのほか、ホワイトソースのグラタンなどの仕上げに振って見た目を鮮やかにする役割も。

ガラムマサラ

カルダモン、クローブ、シナモンなどをベースに7～8種類のパウダースパイスを調合した、インドのミックススパイスです。ガラムは「熱い」、マサラは「混合物」という意味です。

ディル

甘みのある爽やかで刺激的な鋭い香りのハーブです。ヨーロッパでは「魚のハーブ」と呼ばれ、魚介のマリネやスモークサーモンの風味づけなどに使われます。

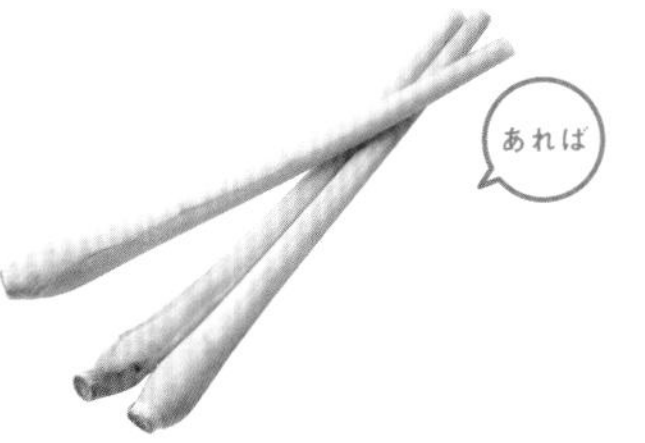

レモングラス

アロマにも使われる爽やかなシトラスな香りが特徴。スーパーで緑色の穂先だけが売っていることもありますが、カレーで使いたいのは茎の部分です。

ブラックペッパー

熟す前のこしょうの果実を収穫後に熟成させたもの。野生的で爽やかな香りとピリリとした強い辛みが特徴です。あらゆるジャンルの料理に使われます。

この本の使い方

- 分量はレシピごとに表示しています。
- 大さじ1は15ml、小さじ1は5mlの計量スプーンを使い、「すりきり」の状態を指しています。
  また、「小さじ１強」「大さじ１強」は計量スプーンにやや大盛りにします。「小さじ½強」は小さじ½よりもやや多めにします。「小さじ１弱」は小さじ１よりもやや少なめにします。「小さじ½弱」は小さじ½よりもやや少なめにします。
- 野菜類のｇ数は目安です。
- 野菜類は特に記載がない場合は、洗う、皮をむくなどの下処理を済ませたあとの手順から説明しています。
- 火加減は、以下の通りです。
  「強火」……炎が鍋底全体に勢いよくあたる状態
  「中火」……炎の先が鍋底に触れている状態
  「弱火」……炎の先が鍋底に触れていない状態
  ※IHの場合は適宜調整してください。
- 本書で使用している鍋は、内径21㎝、深さ8.5㎝の片手鍋です。

隠し味や裏技など、かんたんにおいしくなる技を紹介

ちょっと手間はかかるけれど、味に深みがでるテクニックを紹介

スパイスカレー基本の作り方

zuru

みんなが作りたい！

7つのレシピ

おいしいカレーとは、奇をてらったものではありません。いつもの具といつものスパイスでできる。特別な材料は使わない。オーソドックスな味わいで何度も何度も食べたくなる。そんなカレーです。代表的な7つを選びました。調理手順はとってもかんたんなのに、本格的な香りと味が楽しめる。誰が食べても「おいしい!」と喜んでくれるはず。あなたの定番カレーはきっとこの7つの中から見つかります。ひとつずつマスターしましょう。

Recipe 1

基本のチキンカレー

Basic chicken curry

好き嫌いなく
誰もが食べられる
カレーの代表がチキンカレー。
鶏肉は火が通りやすいので、
肉のなかで最も調理がかんたんです。
風味にクセがない分、玉ねぎのコクもトマトの
うま味もスパイスの香りも楽しみやすい。
かんたんに作れておいしいんだから、
ここから始めない手はありません。
チキンカレーを制する者はカレーを制す。
僕にとって基本のカレーはこれ。
だからいつもここから始めます。

基本のチキンカレーの作り方

基本のチキンカレー

材料（4人分）

油 … 大さじ3
玉ねぎ … 大1個（300g）
にんにく … 1片（10g）
しょうが … 1片（12g）
トマト … 大1個（250g）
ホールスパイス
クミンシード … 小さじ1
パウダースパイス
コリアンダー … 大さじ1
レッドチリ … 小さじ1
ターメリック … 小さじ1
フレッシュスパイス
香菜 … 1株
塩 … 小さじ1強
水 … 250ml
鶏もも肉 … 400g

作り方の主な流れ　目安調理時間：35分

下準備	● 野菜と鶏肉を切る	5分
step 1 炒める	● 玉ねぎ、にんにく、しょうがを炒める ● トマトを加えてさらに炒める	10分
step 2 スパイスを入れる	● すべてのスパイスと塩を加える	2~3分
step 3 煮る	● 水と鶏肉を加えて煮立てる ● フタをして煮る	15分

完成

下準備 | step 1 炒める | step 2 スパイスを入れる | step 3 煮る

ココ

野菜と肉を切る

1 玉ねぎを切る

玉ねぎは皮をむいてから芯の部分を取り除く

なるほどPOINT

野菜は包丁を入れる回数が少ないほどおいしくなる!?

玉ねぎは味わいを引き出したいときには大きめに切り、香りを引き出したいときには細かく切ります。これは何度も実験を繰り返してたどり着いた結論です。たとえばバーベキューで丸焼きした野菜は甘みが引き立っています。玉ねぎも同じ。不思議なことに玉ねぎらしい味わいや甘みは切りすぎないほうが際立つんです。

半分に切ってから繊維に沿ってくし切りにする

すぐ使えるワザ

くし切りは大きさを揃えよう！

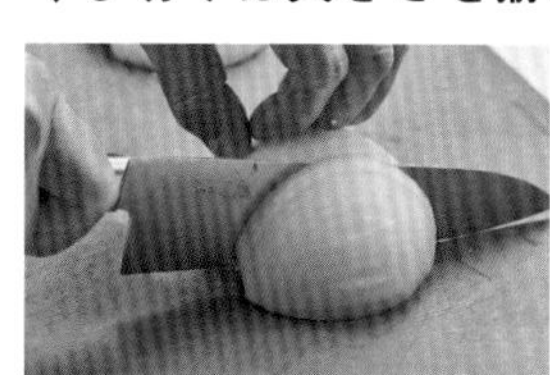

野菜は大きさが揃っていたほうが煮込み時間も均一にできて見た目もきれいです。まずは芯を取り除いてから半分に切ります。

断面を下にして、繊維に沿うように5～6等分にします。このとき垂直に包丁を入れるのではなく、玉ねぎの中心に向かって包丁を入れると大きさがだいたい揃います。

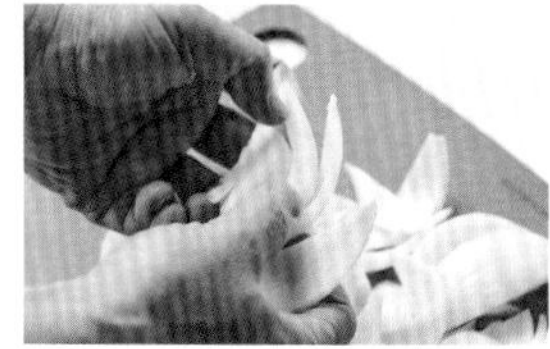

できればやってほしいのが切ったあとにバラバラにしておくこと。くっついたままだと火の通りにバラつきが出てしまうからです。

2 にんにく、しょうがをスライスする

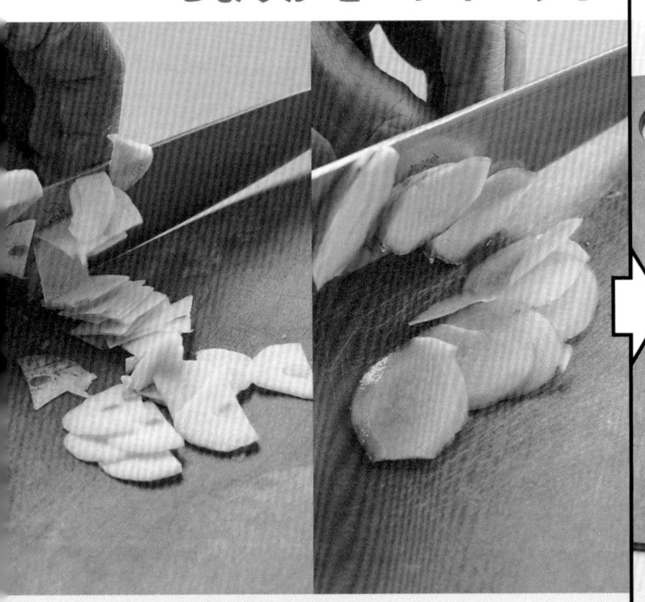

にんにくは皮を取って、しょうがは皮ごとスライスする

なるほどPOINT

しょうがの皮をむかなくてもOK！

しょうがの薄い皮のすぐ下に栄養素があるといわれています。何よりしょうがは皮もおいしいので、むかずに使うのがおすすめです。気になる人はスプーンのへりを使ってしょうがの表面をなぞるようにすれば、かんたんにむくことができます。

3 香菜を切る

香菜は根があれば、根はみじん切り、茎はみじん切り、葉はざく切りにする

すぐ使えるワザ

香菜は部位で切り方を少し変える

4 トマトを切る

トマトはヘタを取って ざく切りにする

すぐ使えるワザ

大きさを揃えよう！

トマトもなるべく大きさが揃っていたほうが調理しやすいです。ヘタを取ったトマトを半分に切ってから、断面を下にして置きます。そして縦に6等分に切ります。このときまな板に垂直でなく、トマトの中心に向かって切るイメージです。次に横に4等分くらいに切るとだいたいの大きさが揃います。

5 鶏肉を切る

鶏肉はひと口大に切る

すぐ使えるワザ

鶏肉の水分は キッチンペーパーでふいておく

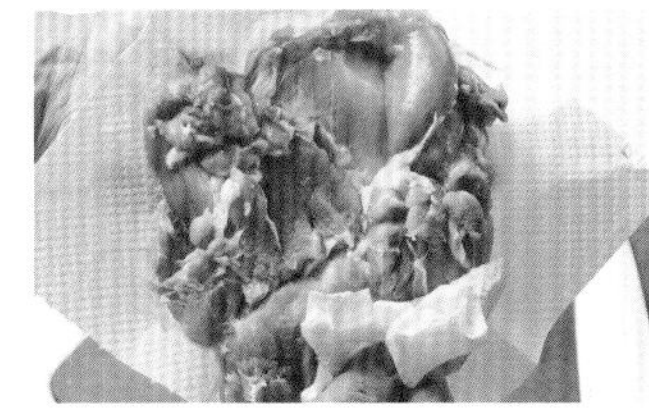

鶏肉を調理する前に水けをふいておくことが大切。できるだけ余計な水分を入れないのがおいしく作るコツ。

鶏肉は煮込むと縮むので、少し大きめに切る

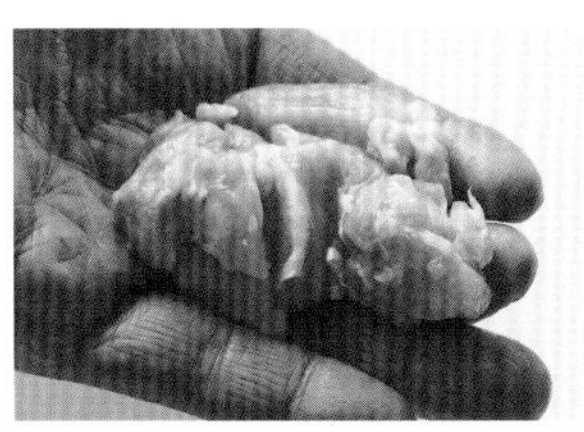

肉は煮込むと身が縮んでしまうので、ひと口大といっても気持ち大きめに切っておくほうがベターです。

下準備	step 1 炒める	step 2 スパイスを入れる	step 3 煮る
	▲ココ		

炒める

6 玉ねぎ、にんにく、しょうがを炒める

鍋に油を熱し、強めの中火にする。玉ねぎ、にんにく、しょうがを加える

玉ねぎがキツネ色になるまで炒める

ズル水野テクニック

油を増やす

油を大さじ3から大さじ5に増やせば、玉ねぎがこんがり香ばしくなり、うま味も増します。

砂糖を加える

玉ねぎを炒めるときに砂糖小さじ1を加えると、玉ねぎがこんがりしやすくなるので、早くキツネ色になりやすいです！

てま水野テクニック

まず玉ねぎを蒸し煮する

玉ねぎを炒める前に適量の水で蒸し煮にすると、うま味が出やすくなります。焦げるリスクも少なくなる！

失敗しやすい！

キツネ色ってどのくらい？

まだまだ

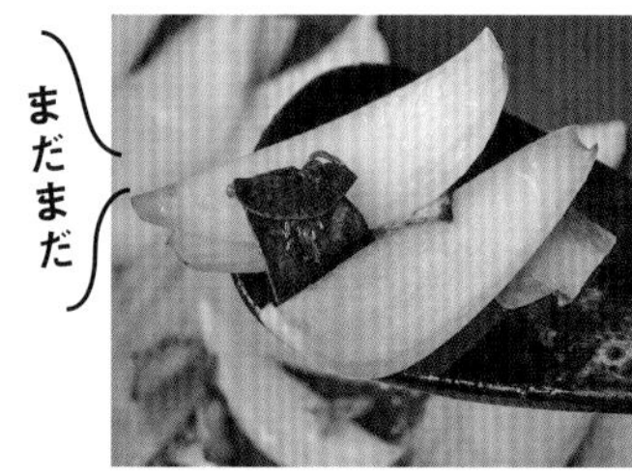

OK！

特に初心者の人は、焦げを気にするあまり玉ねぎのうま味が引き出される前に炒め終わってしまうことがあります。くし切りの場合、玉ねぎのフチが色づいたくらいではまだまだ炒め足りません。表面が濃く茶色に変わってくるまで勇気を持って炒めましょう。

7 トマトを加えてさらに炒める

強めの中火のままトマトを加える

なるほどPOINT

実は生のトマトを使うのはむずかしい

できれば生のトマトを使ってカレーを作りたいですよね。でも、厳密に言えば、ちょっと難易度が高いんです。旬の時期は限られていますし、買うときにはよいトマトかどうかの自分の目利き能力が問われます。何より、トマトペーストなどの加熱済みトマトと違って、鍋中で炒めながらつぶして脱水しなくてはならないからむずかしい。トマトをよく知り、トマトと仲良くなりましょう。

【 トマトの種類 】

トマト(生)
手に入りやすいけれど、切って加熱しなきゃいけないし、季節で味も違うし、目利きも必要。

トマト缶
ホールトマトは煮込みでうま味が強まりやすく、カットトマトはさっぱりした味になりやすい。

トマトピューレ
加熱済みで3倍濃縮が基本。炒めるときは、ざっと混ぜ合わせる程度で火が入る。

トマトペースト
加熱済みで6倍濃縮が基本。炒める必要はなく、煮込みに加えるだけでもうま味十分。

トマトはつぶしながら炒める

失敗しやすい！

トマトはしっかりつぶして水分を出そう

トマトを投入してからがチキンカレーをおいしく作る重要なポイント！ カレーのベースのうま味としてトマトのうま味を最大限に引き出すためには、トマトは木べらなどを使って、なるべく潰して水分を出すことが大事。手で握り潰してから入れてもよいでしょう。

8 水分がきっちり飛ぶまで炒める

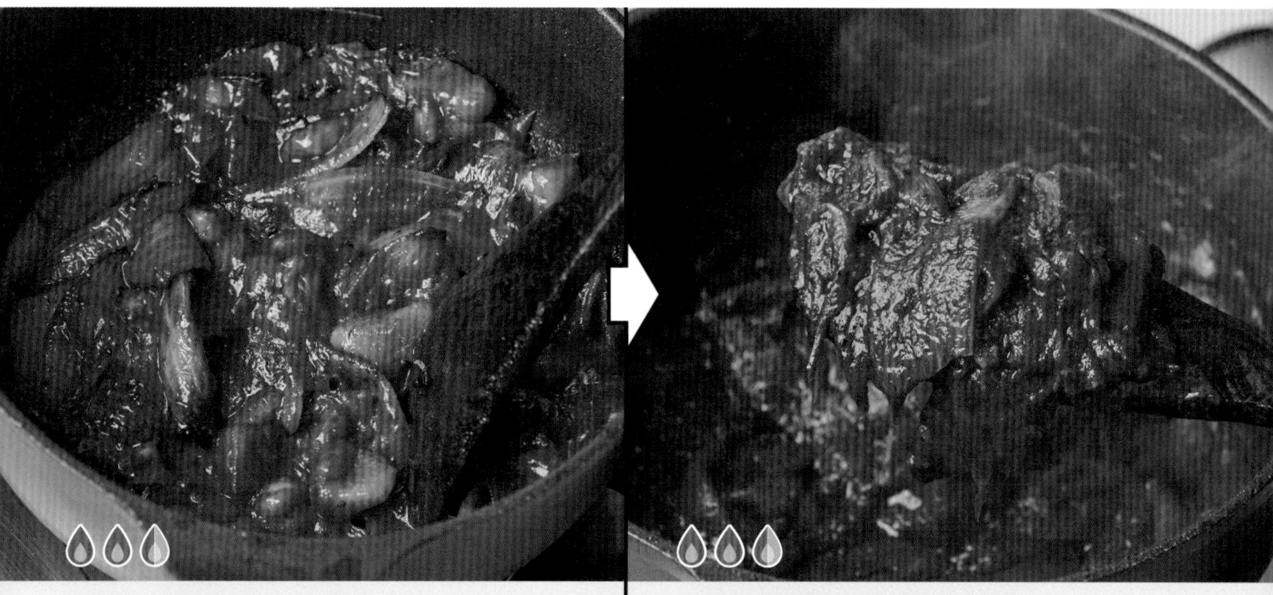

たまに鍋をふったり、混ぜたりしながら焦げないように、強めの中火のまま炒める

失敗しやすい！

焦げが怖くても、火は弱めない！

初心者が失敗しやすいのは、焦げるのが怖くて火を弱めてしまうこと。トロ火にしてしまうと、鍋中の温度が下がってしまって、水分が飛ぶまでとても時間がかかります。十分に水分が飛ばせないまま進んでしまうと、うま味が十分に引き出せていないカレーになってしまうので、火力は弱めずに炒めましょう。

水分がきっちり飛んだら、火をとめる

きっちり水分が飛ぶってどのくらい？

まだまだ

OK！

カレーロード

ここでしっかり水分を飛ばせるかどうかでできあがりのおいしさが変わってきます。木べらで鍋底に一文字を描いたときにすぐに水分が戻ってくるようだったらまだまだ水分が多い証拠。さらに炒めましょう。戻ってこないようならOK。十分に水分が飛んでいます。この一文字を「カレーロード」と呼んでいます。

スパイスを加える

9 すべてのスパイスと塩を加える

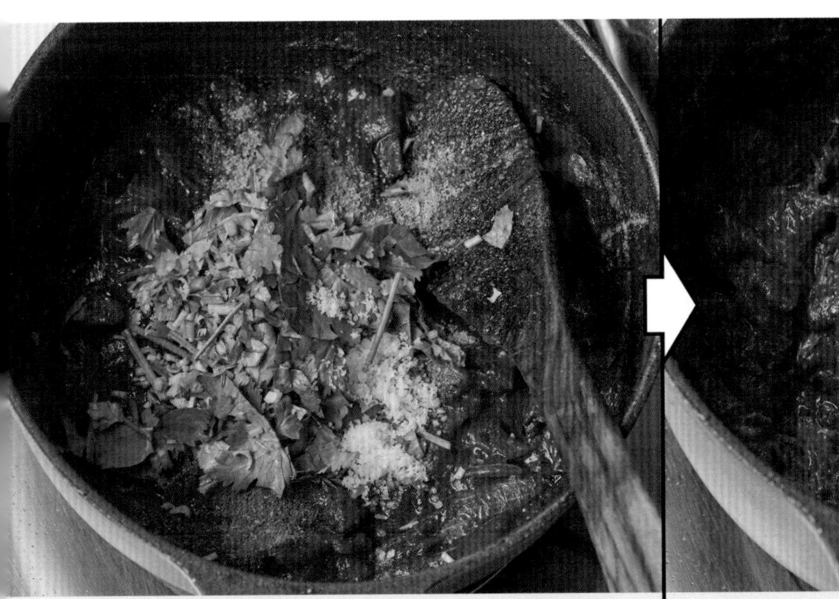

クミンシード、コリアンダーパウダー、レッドチリパウダー、ターメリックパウダー、香菜、塩を加える

よく混ぜ合わせる

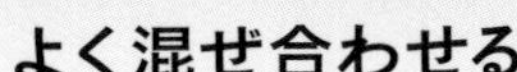

初心者は火をとめてからスパイスを加えよう

水分がきっちり飛ばせたら、いったん火をとめてOK。特に初心者の人はスパイスや塩を計ったりしている間に焦がしてしまいます。火をとめて落ち着いてスパイスを入れましょう。全体にスパイスがなじむようにしっかり混ぜ合わせるのもポイントです。

クミンはパウダーではなくシードなのはなぜ??

スパイスの配合はできあがりのカレーをイメージして決めています。ホールとパウダーでは口に入れたときに感じるタイミングが違います。まずはパウダーで入れたスパイスの香りや辛みが広がって、あとからホールで入れたクミンの香りがきます。カレーに奥深さが出るんです。でも、クミンパウダーしかない人は同量のパウダーでも作れます。

煮る

10 水と鶏肉を加えて煮立てる

水と鶏肉を加えて混ぜる。鍋肌についたカレーソースなどは、ゴムべらなどでこそげとる

強火で煮立てる

チキンブイヨンを使う

水の代わりにチキンブイヨン（顆粒）を溶かしたチキンスープを同量入れると、かんたんにうま味が増します！

鶏肉は別鍋で焼いてから加える

鶏肉は別のフライパンで表面を焼いてから加えると、さらにおいしくなります。そのときは肉汁も一緒に加えましょう。

失敗しやすい！

「煮立てる」ってどのくらい？

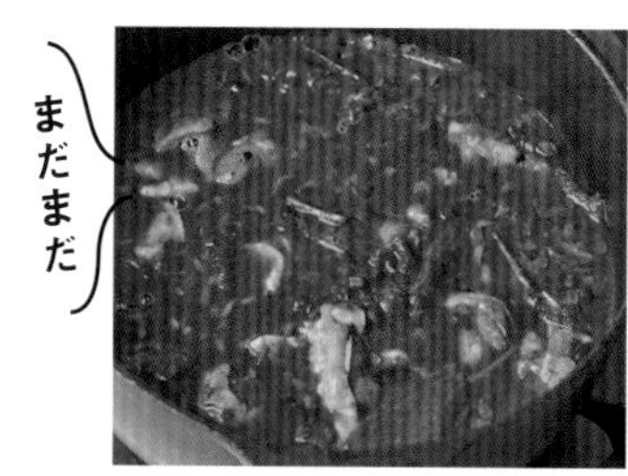

煮込む前になるべく鍋中の温度を上げておくことが重要です。強火にして煮立てるのですが、鍋のフチだけがグラグラしている状態では不十分。鍋の中心部分にボコボコと泡が出てくるまでしっかり煮立てましょう。
煮立ったのは煮込む準備ができたしるし。ここで煮立てが不十分だとできあがりの味がぼんやりしてしまいます。

11 フタをして煮る

完成

フタをしたら弱火にして15分煮込む

なるほどPOINT

なんでフタをするの？

フタを開けて煮込むと蒸気が逃げていくので、鍋中の水分量をコントロールするのがむずかしいのです。フタをすれば蒸気が逃げないぶん、いろいろな人が作っても仕上がりの量がだいたい同じになります。なので、本書では煮込むときにフタをすることを基本としています。もし、できあがってからもっととろみが欲しいと感じたら、仕上げにフタを開けて好みのとろみになるまで煮詰めてもいいでしょう。

味見をして味が薄い場合は塩少々(分量外)を足す

なるほどPOINT

塩みは最後に調整するのが失敗しないコツ

しょっぱいは後戻りできません。水で薄めると全体のバランスが崩れてしまいます。なので、途中で加える塩分は最小限にしています。できあがってから味見をして味が薄いと感じたときにはじめて塩を足していきましょう。一気に加えずに、少しずつ足していくというのもお忘れなく。

基本のチキンカレーアレンジ

Basic chicken curry Arrange

P.19～P.27のズル水野＆てま水野のテクニックを全部使おう！！

ズル＆てま チキンカレー

・チキンブイヨンを使ってうまみ増し増し
・砂糖をプラスして玉ねぎがこんがり
・油を増やしてさらにうま味UP

・鶏肉は別鍋で焼いておくとさらにおいしい
・ココナッツミルクを加えて香りとうま味をプラス
・玉ねぎは蒸し煮でうま味を引き出す

材料（4人分）

油…大さじ5
玉ねぎ…大1個（300g）
にんにく…1片（スライス・10g）
しょうが…1片（スライス・10g）
砂糖…小さじ1
水A…150ml
トマト（ざく切り）…大1個（250g）

ホールスパイス
- クミンシード…小さじ1

パウダースパイス
- コリアンダー…大さじ1
- レッドチリ…小さじ1
- ターメリック…小さじ1

フレッシュスパイス
- 香菜（みじん切り）…1束

塩…小さじ1/2強
鶏もも肉…400g
水B…200ml
チキンブイヨンの素（顆粒）…小さじ2
ココナッツミルク…100ml

作り方

玉ねぎは皮と芯を取ってくし切りに、にんにくは皮を取って、しょうがは皮ごとスライスする。トマトはざく切りにする。香菜は根がついていれば根ごとみじん切りにする。
鶏肉はひと口大に切る。

step 1 炒める

2

鍋に油と玉ねぎ、にんにく、しょうが、砂糖、水Aを加えてフタをし、強火で5分ほど煮る。

Point

玉ねぎを炒める前に適量の水で蒸し煮にするとうま味が出やすくなる。また、油を多くすることで、玉ねぎがこんがりと香ばしくなり、うま味も増す。

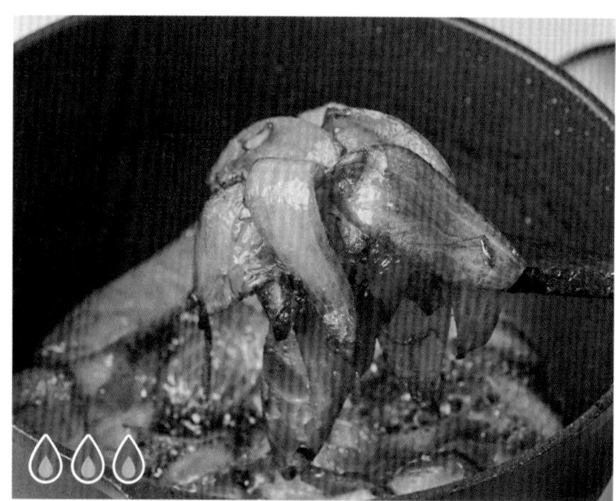

フタを開けて水分を飛ばしながらキツネ色になるまで炒める。

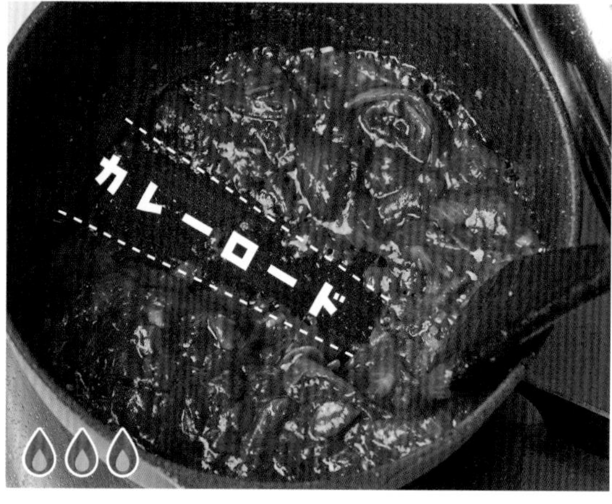

トマトを加えてつぶしながら炒める。水分がきっちり飛び、「カレーロード」ができるまで炒める。

スパイスを入れる

ホールスパイス、パウダースパイス、フレッシュスパイス、塩を加えて混ぜ合わせる。

step 3

煮る

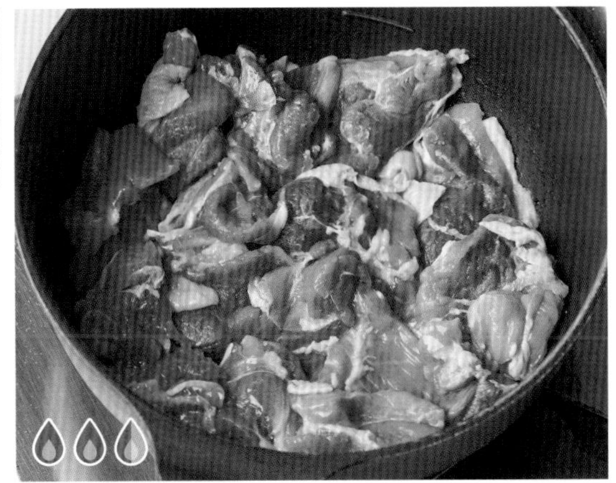

鶏肉は別鍋（フライパン）で皮面から強めの中火で焼き、表面全体にこんがりと焼き色がついたら、水Bを加えて火をとめる。

Point

鶏肉はあらかじめ焼いておくことでおいしくなる。それに水を加えると、うま味が凝縮された即席鶏ガラスープに。

❺に❻を加える。

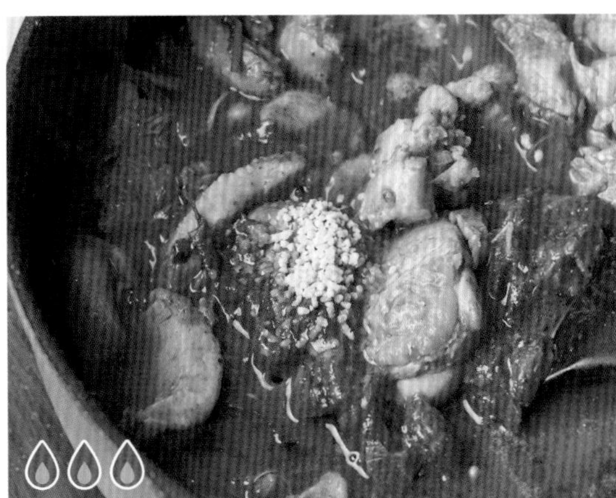

チキンブイヨンの素を加えて、強火で煮立てる。

Point

チキンブイヨンは、うま味成分がたっぷり入っているので、使うだけでかんたんにうま味が増す。

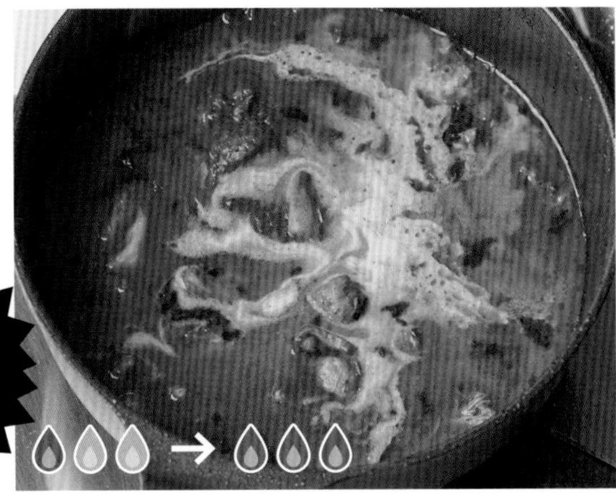

フタをし、弱火にして5分ほど煮込む。フタを開けてココナッツミルクを加えて強火で1分ほど煮る。味見をして味が薄いと感じたら塩少々（分量外）を足す。

Point

ココナッツミルクを加えるタイミングを煮込み終わりにすることで風味がよくなる。

ズルい

骨つき肉のぶつ切りチキンカレー

材料（4人分）

油 … 大さじ 3
フライドオニオン … 25g
にんにく（すりおろし・チューブ可）… 1 片（10g）
しょうが（すりおろし・チューブ可）… 1 片（12g）
トマト（ざく切り）… 小 1 個（150g）

ホールスパイス

クミンシード … 小さじ 1

パウダースパイス

コリアンダー … 大さじ 1
レッドチリ … 小さじ 1
ターメリック … 小さじ 1

フレッシュスパイス

香菜（みじん切り）… 1 株

塩 … 小さじ 1 強
水 … 300ml
骨つき鶏もも肉（ぶつ切り）… 450g

作り方

1 鍋に材料をすべて入れて全体をよく混ぜ合わせる。強火で煮立て、フタをして弱火で 30 分ほど煮る。

2 フタを開けて味見をし、味が濃ければ水を少し足し、薄ければ好みの味になるまで煮詰める。

調理と言えるような調理はありません。加熱中は手を動かさなくていいのですから。「ハンズオフ」と呼んでいる手法です。フタをする前にしっかりグツグツ煮立ることと、フタを開けた後に水分の調整をすること。それだけです。嘘じゃないです。

チキンカレーバリエーションレシピ ❷

てまをかけて

鶏手羽中ほぐしのチキンカレー

材料（4人分）

煮込み用
- 玉ねぎ（くし切り）…大1個（300g）
- にんにく（スライス）…1片（10g）
- しょうが（スライス）…1片（12g）
- 鶏手羽中肉…600g
- 水…200ml
- 砂糖…小さじ1
- 塩…小さじ1/2強
- トマト（ざく切り）…小1個（150g）
- グリーンピース（水煮）…150g（固形量）

油…大さじ3

ホールスパイス
- クミンシード…小さじ1

パウダースパイス
- コリアンダー…大さじ1
- レッドチリ…小さじ1
- ターメリック…小さじ1

フレッシュスパイス
- 香菜（みじん切り）…1株

作り方

1 鍋に煮込み用の材料を入れて強火で煮立て、フタをして中火で30分、弱火にして15分ほど煮る。ときどきフタを開けて中を確認し、水分が足りなくなるようなら少しずつ加える。

2 火をとめてフタを開け、油と**ホールスパイス**、**パウダースパイス**、**フレッシュスパイス**を加えて混ぜ合わせる。

3 強火にかけて好みのとろみになるまで煮詰めながら炒める。

基本のカレーの手順をひっくり返したような不思議な作り方をします。「炒める」→「スパイスを入れる」→「煮る」ではなく、「煮る」→「スパイスを入れる」→「炒める」。後半は、強火で水分を飛ばしながら煮詰めるかたちになります。ここで味が決まります。

Recipe 2

基本のバターチキンカレー

Basic butter chicken curry

世界中で最も愛されているインド料理のメニューが
バターチキンカレーです。世界中の人が好きな味。
その秘密は、乳製品のコクがたっぷり入って
いること。材料を準備した時点でおいしく
なることは約束されてしまうような
カレーですが、だからこそ、作るときに妥協を
しなければ、完璧に近い味わいが楽しめます。
食べた人の喜ぶ顔が目に浮かぶ。
習得して定番にしてください。

基本のバターチキンカレーの 作り方

基本のバターチキンカレー

材料（4人分）

バター（有塩）… 40g
鶏もも肉 … 400g
ホールトマト … 200g
ホールスパイス
- カスリメティ（あれば）… 大さじ2

パウダースパイス
- ガラムマサラ … 大さじ1
- パプリカ … 小さじ2
- レッドチリ … 小さじ1/2
- ターメリック … 小さじ1/2

塩 … 小さじ1強
砂糖 … 小さじ1
プレーンヨーグルト … 100g
生クリーム … 200ml

作り方の主な流れ　目安調理時間：20分

工程	内容	時間
下準備	● 鶏肉を切る	3分
step 1 炒める	● 鶏肉を炒める ● ホールトマトを加えてさらに炒める	5分
step 2 スパイスを入れる	● すべてのスパイスと塩を加える	3分
step 3 煮る	● ヨーグルトと生クリームを加えて煮る	5分

完成

下準備	step 1 炒める	step 2 スパイスを入れる	step 3 煮る

ココ

肉を切る

1 肉を切る

鶏肉の水分をキッチンペーパーでふいておく

鶏肉をひと口大に切る

なるほどPOINT

たんぱくなほうが好きな人はむね肉を使ってもOK！

適度に脂がのっている鶏もも肉のほうが煮込んでも柔らかく、うま味もあるのでおすすめですが、たんぱくなほうが好きな人は鶏むね肉でもOKです。なお、鶏肉は煮ると身が縮むので少し大きめに切っておくとよいでしょう。

てま水野
CURRY
テクニック

鶏肉はあらかじめマリネしておく

鶏肉はすべてのスパイスと塩、ヨーグルトでマリネしておくと、なじみがよくなります。時間は30分以上、できればひと晩。

さらにオーブンで焼いてから煮込む

マリネした鶏肉はオーブンで焼いてから加えると本格的になります。加えるのは、工程⑤の煮るタイミングで。

炒める

2 鶏肉を炒める

鍋にバターを強めの中火で熱する

バターが溶けてきたら鶏肉を加えて、鶏肉全体がこんがりするまで炒める

バターをどっさり使う！

バター40gを60gに増やせばもっとコクが強まります。バターは無塩でもOK。完成時に塩分を調整しましょう。

失敗しやすい！

こんがりってどれくらい？

大切なのは脱水。素材から水分が抜けて油だけになるまで炒めるのがポイントです。グツグツという音がしている間はまだまだ。パチパチと油で揚げているような音がしてきたらOKです。

3 トマトを加えてさらに炒める

ホールトマトを汁ごと加え木べらでつぶしながら炒める

すぐ使えるワザ

木べらでトマトを切るようにすると水分が出やすくなる

ホールトマトを木べらを使って切るように潰しながら水分を出します。手で潰してから加えてもいいでしょう。

水分がきっちり飛んだら火をとめる

失敗しやすい!

水分が飛ぶまでってどのくらい?

まだまだ

OK!

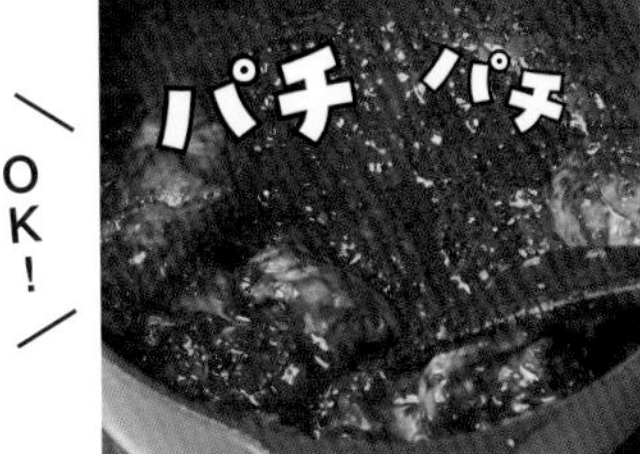

ホールトマトの水分をどこまで飛ばせるかで仕上がりのおいしさが変わってくるので、ここは頑張りたいところ。水分がまだ残っていてシャーという音がしているときはまだまだ。油だけが残ってパチパチという音がしてきたらOKです。

下準備 | step 1 炒める | step 2 スパイスを入れる | step 3 煮る

ココ

スパイスを加える

④ すべてのスパイスと塩、砂糖を加えて混ぜ合わせる

カスリメティ（あれば）、ガラムマサラ、パプリカパウダー、レッドチリパウダー、ターメリックパウダー、塩、砂糖を加える

よく混ぜ合わせる

砂糖の代わりにマーマレードやはちみつを使う

砂糖の代わりにマーマレードまたははちみつを小さじ2使ってもOK。味にコクと深みが出ます。

よく混ぜ合わせる理由

カスリメティという特殊な乾燥ハーブを含めて、パウダースパイスは、「温かい油脂分と絡め合わせる」ことが大事。理由はふたつあります。ひとつは、香気成分が油溶性のため、香りが定着しやすいこと。もうひとつは、粉っぽさがなくなり全体的になじんだ舌触りになること。スパイスを加えたら、よく混ぜ合わせましょう。

煮る

5 ヨーグルトと生クリームを加えて煮る

ヨーグルトと生クリームを加えて混ぜ、強火で煮立てる

なるほどPOINT

なんで乳製品でコクやうま味が増すの？

なぜなのかは僕にもわかりません。乳脂肪分を摂取すると人は「おいしい」と反応するんだと思います。それより具体的なアイテムを知っておいたほうがいいかもしれませんね。コクが強まる順にバター、チーズ、生クリーム、ヨーグルト、牛乳といった具合でしょうか。練乳は砂糖が入っているので、さらにコクが増しちゃうかも。

ホイップクリームではなく生クリームを使う

ホイップクリームは「植物性油脂のみ」または「植物性と動物性油脂の混合」のクリームです。対して生クリームは「動物性油脂」を原料にしたものです。生クリームを使ったほうがまったりとしたリッチなコクが出ます。ホイップクリームでも作れないことはありませんが、少しあっさりとした味わいになります。

さっと煮たら味見をして味が薄いと感じたら塩少々(分量外)を足す

なるほどPOINT

なんで煮込まなくてもいいの？

ヨーグルトはグツグツ煮ると分離してしまい、舌ざわりが悪くなる可能性があります。生クリームは濃厚になりすぎて、ちょっとしつこくなってしまいがち。どちらも温まればOKという感覚で煮てください。ただし、「味が薄い」とか「とろみが少ない」とか感じたのなら、少し長めに火を入れて煮詰めるのもありだと思います。

基本のバターチキンカレー
アレンジ

Basic butter chicken curry Arrange

P.37～P.41のズル水野&てま水野のテクニックを全部使おう!!

ズル&てま バターチキンカレー

・バター増量でコク増し
・トマトペーストで炒め時間を大幅ダウン
・ケチャップでかんたんうま味だし
・マーマレードで風味UP!

・鶏肉はひと晩マリネして味をなじませる
・まずタンドリーチキンを作ることで本格度UP

材料（4人分）

バター（有塩）… 60g
鶏もも肉 … 400g

パウダースパイス
- ガラムマサラ … 大さじ1
- パプリカ … 小さじ2
- レッドチリ … 小さじ1/2
- ターメリック … 小さじ1/2

マリネ用
- プレーンヨーグルト … 100g
- トマトペースト … 1袋（18g）
- トマトケチャップ … 小さじ1
- 塩 … 小さじ1弱
- にんにく（すりおろし・チューブ可）… 小さじ1
- しょうが（すりおろし・チューブ可）… 小さじ1

ホールスパイス
- カスリメティ（あれば）… 大さじ2

マーマレード … 大さじ1
生クリーム … 200ml

作り方

鶏肉はひと口大に切る。

ボウルに**パウダースパイス**と**マリネ用**の材料を入れてよく混ぜる。

Point

マリネににんにくとしょうがのすりおろしを加えると風味がよくなる。生のものをすりおろすのがおすすめだが、チューブでもOK。また、トマトペースト（6倍濃縮）を使うことで、炒める必要もなくなる。

鶏肉を加えてもみ込み、冷蔵庫で30分ほど（できればひと晩）マリネしておく。

Point

鶏肉はマリネしておくことで、味のなじみがよくなる。マリネ時間は長いほどよく、48時間までOK。

炒める

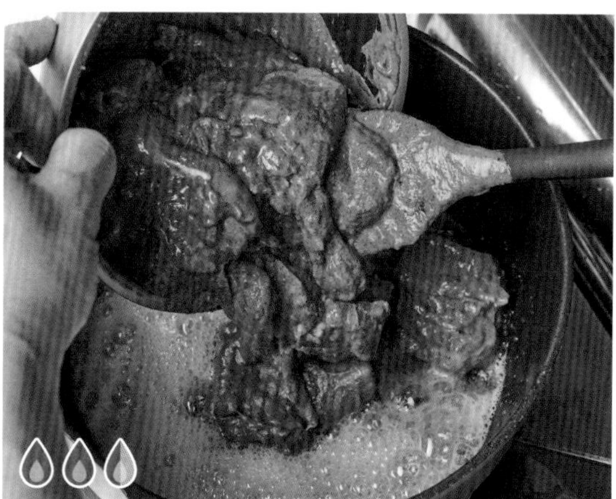

鍋に強めの中火でバターを熱し、溶けてきたらマリネした鶏肉をマリネ液ごと加える。

Point

もっと手間をかけたい場合は、マリネした鶏肉をオーブンで焼いてから加えてもいい。より本格的な味わいになる。多めのバターを使うことでコクが増す。

表面全体がこんがりするまで炒める。水分がきっちり飛んだら火をとめる。タンドリーチキンができる。

Point

ヨーグルトなどでマリネしたものを焼くとタンドリーチキンができる。まずタンドリーチキンを作ることで、より本格的な味に。

step 2

スパイスを入れる

6

ホールスパイス（あれば）を加える。

Point

カスリメティがない場合は加えなくてもいいが、カスリメティの独特な香りが加わると家カレーも本格的になる。

7

よく混ぜ合わせる。

step 3

煮る

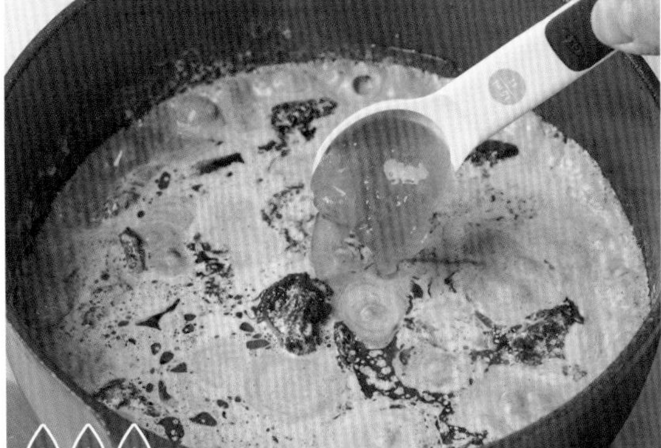

8

マーマレードと生クリームを加えて強火でさっと煮る。

Point

砂糖でもいいが、マーマレードを使うと風味がアップする。同量のはちみつでも。

9

味見をして味が薄いと感じたら塩少々（分量外）を足す。

完成

バターチキンカレーバリエーションレシピ❶

ズルい

黄色いバターチキンカレー

材料（4人分）

バター（有塩）… 40g
にんにく（みじん切り）… 1片（10g）
しょうが（みじん切り）… 1片（12g）
鶏もも肉（ひと口大に切る）… 400g
ホールスパイス
　カスリメティ（あれば）… 大さじ2
　カルダモン（殻をつぶす）… 4粒
　クローブ … 4粒
　シナモン … 1本
　レッドチリ … 2本
パウダースパイス
　コリアンダー … 小さじ2
　ターメリック … 小さじ1
塩 … 小さじ1強
砂糖 … 小さじ1
プレーンヨーグルト … 200g
生クリーム … 200ml

作り方

1 鍋にバターを中火で熱し、溶けてきたらにんにくとしょうが、鶏肉を加えて強めの中火にし、表面全体がこんがりするまで炒める。

2 火をとめて**ホールスパイス**、**パウダースパイス**、塩、砂糖を加えてよく混ぜ合わせる。

3 ヨーグルトと生クリームを加えて中火でさっと煮る。

バターと砂糖と生クリームが入っただけでおいしくなってしまうのがバターチキンカレーの特徴。トマトを炒めて脱水したりする必要さえないんです。あまりにかんたんすぎるから鶏肉くらいは炒めましょうか。表面が色づけば、香ばしい香りが生まれて食欲をそそります。

バターチキンカレーバリエーションレシピ②

てまをかけて

煮るバターチキンカレー

材料（4人分）

煮込み用

- バター（有塩）… 50g
- じゃがいも（皮をむいてひと口大に切る）… 2 個（250g）
- にんじん（皮をむいてひと口大に切る）… 1 本（120g）
- グリーンピース（水煮）… 150g（固形量）
- プレーンヨーグルト … 100g
- 水 … 200ml
- トマトペースト … 1 袋（18g）
- トマトケチャップ … 小さじ 1
- 塩 … 小さじ 1 弱
- にんにく（すりおろし・チューブ可）… 小さじ 1
- しょうが（すりおろし・チューブ可）… 小さじ 1
- マーマレード … 大さじ 1

パウダースパイス

- ガラムマサラ … 小さじ 2
- パプリカ … 小さじ 2
- レッドチリ … 小さじ 1/2
- ターメリック … 小さじ 1/2

ホールスパイス

- カスリメティ（あれば）… 大さじ 2
- レモングラスの茎（あれば・スライス）… 1/2 本

生クリーム … 200ml

作り方

1. 鍋に**煮込み用**の材料を入れて混ぜ合わせる。強火で煮立て、フタをし中火で 15 分、弱火にして 15 分ほど煮る。
2. 火をとめてフタを開け、**パウダースパイス**、**ホールスパイス**を加えて混ぜ合わせる。
3. 生クリームを加えて中火で 5 分ほど煮詰める。

煮るだけで作れるカレーだから、材料やスパイスは少し工夫して、独特の香りやうま味を強めるアイテムを選びました。生クリームだけは最後に入れるのがコツ。しっかりとコクが生まれていることを確認してください。

Recipe 3

基本のキーマカレー

Basic keema curry

小さく切った肉を使って作るカレーで、ご飯が
とまらなくなる味わいです。ひき肉だけでなく包丁で
切ってもいい。ハンバーグを崩しても大丈夫。
肉だけでなく細かく切った野菜や豆などを
合わせてもいい。自由度が高く、素材の味わいが
短時間で抽出できるのが特徴。かんたんに作れるのに
うま味が強く、好き嫌いが出にくい。
一度覚えてしまえば人気を独り占めできる
カレーですね。

基本のキーマカレーの作り方

基本のキーマカレー

材料（4人分）

油 … 大さじ3
にんにく … 1片（10g）
しょうが … 1片（12g）
玉ねぎ … 中1個（250g）
鶏ももひき肉 … 250g
豚ひき肉 … 250g
パウダースパイス
- コリアンダー … 大さじ1
- クミン … 小さじ2
- パプリカ … 小さじ1
- ターメリック … 小さじ1/2
- ブラックペッパー … 小さじ1/2

塩 … 小さじ1/2
しょうゆ（濃い口）… 小さじ2
砂糖 … 小さじ1
水 … 200ml
プレーンヨーグルト … 100g
グリーンピース（水煮）… 1缶（55g・固形量）

作り方の主な流れ　目安調理時間：25分

下準備	● 野菜を切る	5分
step 1 炒める	● 玉ねぎ、にんにく、しょうがを炒める ● ひき肉を加えてさらに炒める	10分
step 2 スパイスを入れる	● すべてのスパイスと塩、砂糖を加える	3分
step 3 煮る	● 水、ヨーグルト、グリンピースを加えて煮る	5分

完成

下準備 ｜ step 1 炒める ｜ step 2 スパイスを入れる ｜ step 3 煮る

ココ

野菜を切る

1 にんにく、しょうがを切る

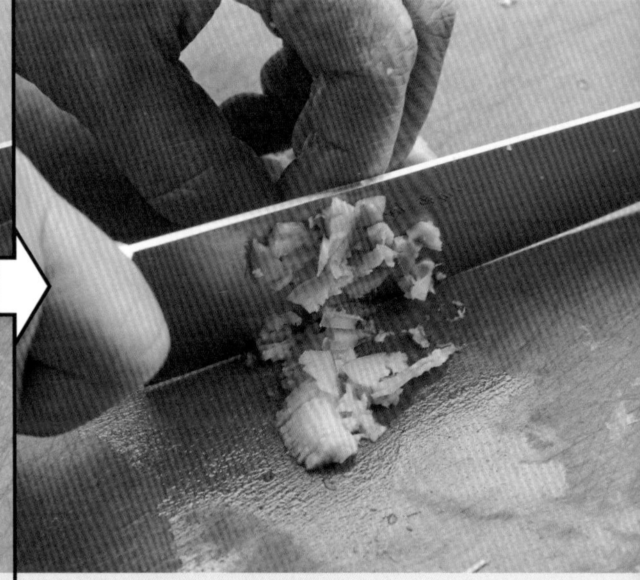

にんにくは皮を取ってから みじん切りにする

すぐ使えるワザ

にんにくは皮ごとつぶして切るとラク

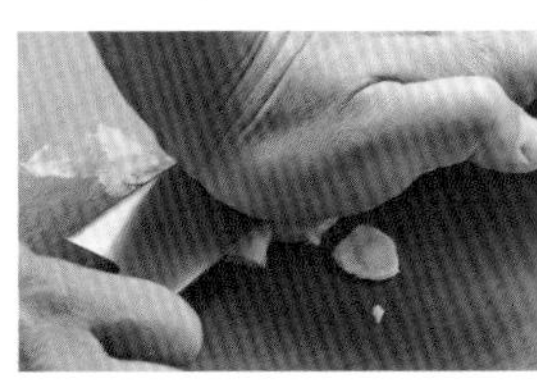

にんにくの皮をむくのは意外に面倒くさいですが、いい方法があります。まず皮つきのまま芯の部分を切ってから、包丁の背でつぶします。

次に皮の部分をつまんで持ち上げ、何度か左右にふります。そうすると皮がスルッと外れます。

つぶれた中身を端から切っていけば、かんたんに粗みじん切りに。横に切り込みを入れたりする必要はありません。

しょうがは皮のまま みじん切りにする

すぐ使えるワザ

しょうがもつぶして香りアップ

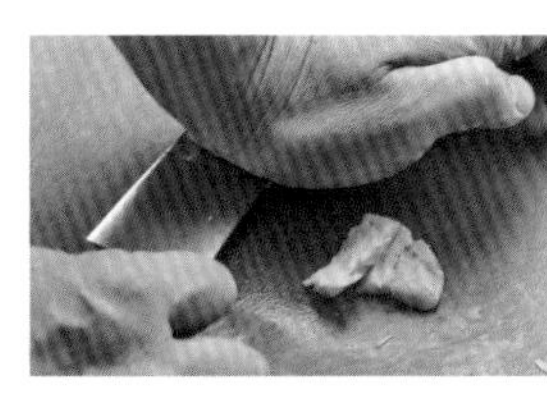

しょうが1片は、だいたいにんにく1片と同じ大きさと覚えておくと便利です。1片の大きさに切ったしょうがを包丁の背を使って力いっぱいつぶします。

つぶれたしょうがを端から切っていくとかんたんに粗みじん切りに。つぶすことで香りもアップします。

2 玉ねぎを切る

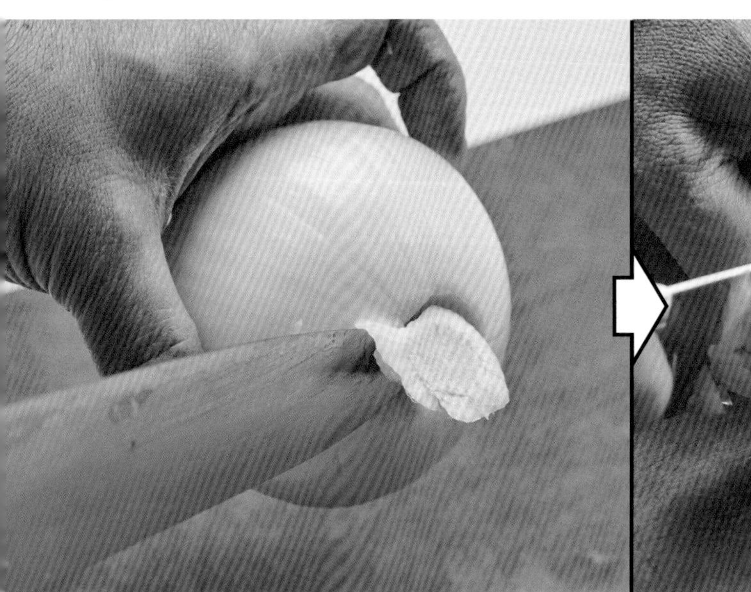

玉ねぎは皮をむき、芯を取り除く

なるほどPOINT

玉ねぎの切り方を変える理由

玉ねぎから何を引き出したいかによって切り方は変わります。玉ねぎの味を重視するなら大きく切り、香りを重視するなら細かく切る。切り方によって加熱の方法も変わります。カレーの場合、水分を抜いて色づけることを目指しますが、玉ねぎの形によって火の入り方が変わるからです。いずれにしても玉ねぎは頼もしい味方です。

みじん切り
カレーで最もよく登場する切り方です。炒めれば形が潰れていくので、粗みじん切りでOK。

くし切り
具として玉ねぎを食べるときの切り方ですが、前半で炒めるときも有効。甘みがよく出ます。

スライス
みじん切りの次にメジャーな切り方です。切りやすく、香りも味も生まれやすいので重宝します。

すりおろし
カレー作りではマイナー。フレッシュで刺激的な香りが残るため好き嫌いがあるかもしれません。

みじん切りにする

すぐ使えるワザ

かんたんな玉ねぎのみじん切りの方法

ここにハシがあるイメージ

皮と芯を取って半分に切ります。断面を下にして端から2㎜幅で切っていきます。このとき、手前に箸がおいてあるイメージを持ちその分、切り残しておきます。

玉ねぎの向きを変えて、切り残している反対側から切っていきます。右利きの人は左側に切り残したほうを持ってきて、右側から切っていきます。

最後までばらけることなく切れるので、かんたんにみじん切りができます。最後に残ったところは、細かく切ればOKです。

下準備 | step 1 炒める | step 2 スパイスを入れる | step 3 煮る

ココ

炒める

❸ にんにく、しょうが、玉ねぎを炒める

鍋に油を熱し、強めの中火にする

にんにく、しょうが、玉ねぎを入れて玉ねぎがほんのりキツネ色になるまで5分ほど炒める

油は香りの少ないものがよい

油は、なたね油や米油、サラダ油などがおすすめです。炒めたあとにスパイスの香りが加わるので、なるべく香りが少ない油がよいのです。ただ、意図的にオリーブオイルや、ココナッツオイルといった香りが強いものを使うときもあります。カレーの仕上がりのイメージで使う油の種類も変えていけるようになると上級者です。

失敗しやすい!

鍋中はあまり触らない、が鉄則

まだまだ

OK!

玉ねぎをキツネ色になるまで炒めるときは、火は弱めずに焼きつけるイメージを持ちましょう。木べらなどで頻繁に混ぜたりしないほうが、全体をきれいに色づかせることができます。

一部だけ色づいたくらいではまだまだ。たまに混ぜながら、全体がキツネ色になるまで、5分ほど炒めます。

4 ひき肉を炒める

鶏と豚のひき肉を加える

肉に火が通るまで５分ほど炒め、火をとめる

合びき肉でもOK！

鶏肉と豚肉それぞれのひき肉を準備するのが面倒なら牛豚の合びき肉を使う手もあり。合びき肉は５００gを使います。

肉を細かく刻む

肉は、ひき肉を買うのではなく、鶏もも肉と豚肩ロース肉を買って、自分で細かく切れば食感も味わいもアップします。

なるほどPOINT

肉から出た汁は最高のうま味！

肉の表面がこんがりするくらいに炒めます。このときも焼きつけるイメージで、頻繁に鍋中を触らないようにしましょう。このこんがりした焼き目はカレーのうま味になります。さらには、肉から出てきた肉汁も最高のうま味成分になるのです。ひき肉は粗びきがあればなおよいでしょう。

下準備

step 1 炒める

step 2 スパイスを入れる

ココ

スパイスを加える

5 すべてのスパイスと塩、砂糖、しょうゆを加える

火をとめて、コリアンダーパウダー、クミンパウダー、パプリカパウダー、ターメリックパウダー、ブラックペッパーパウダー、塩、しょうゆ、砂糖を加える

よく混ぜ合わせる

なるほどPOINT

しょうゆ、砂糖でさらにうま味アップ！

カレーに使われる隠し味で有力なアイテムに発酵調味料と糖類があります。しょうゆや味噌、ナンプラーなどの調味料は発酵が持つおいしさをカレーに加えます。どことなくクセになる味わいを生み出します。砂糖やはちみつ、チャツネなどの糖類は、ファーストインパクトを最大化し、味覚を敏感にする働きがあるようです。

煮る

6 水とヨーグルト、グリーンピースを加えて煮る

水とヨーグルト、グリーンピースを加える

混ぜ合わせて強火で煮立てる

なるほどPOINT

水煮大豆などでもOK！

このレシピでは、水煮が手に入りやすく、彩りもきれいでうま味も強いグリーンピースを使っていますが、水煮の大豆や、水煮のミックスビーンズでもOKです。自由にアレンジを楽しんでください。

ミックスナッツを砕いて加える

グリーンピースを加えるタイミングで、砕いたミックスナッツを加えて煮込むと、香りとコクが増します。

すぐ使えるワザ

ゴムべらがあれば無駄なく調理できる

ゴムべらはぜひ使って欲しいアイテムです。木べらや鍋のフチについたこそげ取ってカレーソースに戻すことができます。
このひと手間で、木べらを洗うのがラクになりますし、鍋のフチについたカレーソースが固まってしまうこともなくなります。

完成

煮立ったらフタをして弱火にし、5分ほど煮る

味見をして味が薄いと感じたら塩少々(分量外)を足す

失敗しやすい!

煮立てるってどのくらい?

まだまだ

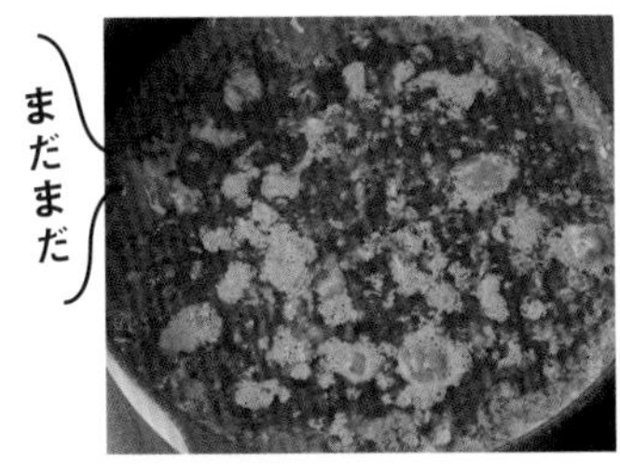

OK!

キーマカレーは煮込み時間が短いので、しっかり煮立てて鍋中の温度を高く保ちたいもの。鍋のフチがフツフツとしているくらいではまだまだ。
鍋の中心からボコボコと泡が立つくらいまで煮立ててからフタをして、火を弱くします。

煮立てて水分を飛ばす

最後にフタを開け、強火にして3～5分煮詰めて水分を飛ばせば、濃厚な味になります。煮詰め加減はお好みで。

基本のキーマカレーアレンジ

Basic Keema curry Arrange

P.50～P.57のズル水野＆てま水野のテクニックを全部使おう！！

ズル＆てま キーマカレー

・カレールウを隠し味に使う
・最後に煮詰めて水分を飛ばし、濃厚な味に仕上げる

・肉は自分で細かく切れば食感も味わいもUP
・スパイスに香菜を加えて風味を増す
・ミックスナッツを入れて、コクと食感をプラス

材料（4人分）

油…大さじ3
にんにく…1片（みじん切り・10g）
しょうが…1片（みじん切り・12g）
玉ねぎ…1個（みじん切り・250g）
牛バラ肉…250g
豚肩ロース肉…250g

パウダースパイス
- コリアンダー…大さじ1
- クミン…小さじ2
- パプリカ…小さじ1
- ターメリック…小さじ1/2
- ブラックペッパー…小さじ1/2

フレッシュスパイス
- 香菜（みじん切り）…2株

塩…小さじ1/2弱
しょうゆ（濃い口）…小さじ1
砂糖…小さじ1
水…200ml
プレーンヨーグルト…100g
グリーンピース（水煮）…1缶（55g・固形量）
ミックスナッツ（砕く）…大さじ3
カレールウ…ひとかけ（1人分）

作り方

牛肉と豚肉はできるだけ細かく包丁で切っておく。玉ねぎは皮と芯を取ってみじん切りにする。にんにくは皮を取って、しょうがは皮ごとみじん切りにする。香菜は根がついていれば根ごとみじん切りにする。
ミックスナッツはジップつき袋などに入れて、ボウルの底などを使って砕いておく。

step 1 炒める

2

鍋に油を強めの中火に熱し、にんにくとしょうが、玉ねぎを加えて、玉ねぎがほんのりキツネ色（イタチ色）になるまで炒める。

3

牛肉と豚肉を加えて炒める。

Point

肉は加工済みの合びき肉を使うよりも、自分で細かくカットすると、いつものキーマカレーよりも食感も味わいもアップする。

4

肉に火が通ったら、火をとめる。

スパイスを入れる

5

パウダースパイスとフレッシュスパイス、塩、しょうゆ、砂糖を加えてよく混ぜ合わせ、中火にして１分ほど炒める。

Point

刻んだ香菜を加えることでさらに風味がアップする。

煮る

水とヨーグルト、グリーンピース、ミックスナッツを加える。混ぜ合わせ、強火で煮立てる。

Point

ミックスナッツを砕いて煮込みに加えるとうま味とコクが増す。食感も加わる。

7

フタをして弱火で５分ほど煮る。

8

フタを開けてカレールウを溶かし混ぜる。

Point

カレールウを隠し味に使う。カレールウはスパイスだけでなく野菜のエキスなどもたっぷり。少量入れることで味に深みが出る。

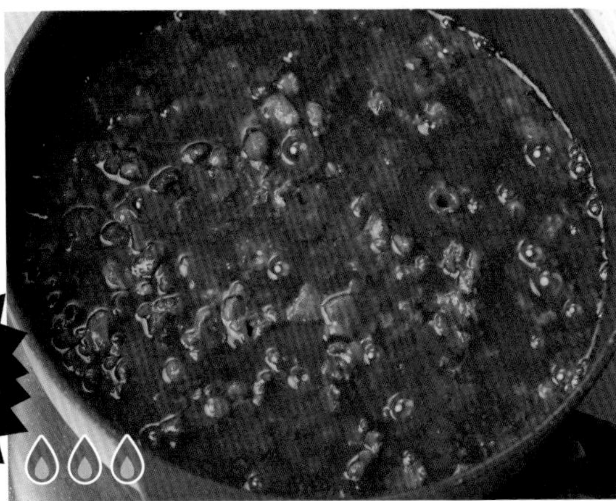

9

強火にして３～５分煮詰める。味見をして味が薄いと感じたら塩少々（分量外）を足す。

Point

最後に煮詰めて水分を飛ばすだけでぐっと濃厚な味わいになる。

キーマカレーバリエーションレシピ❶

ズルい

ハンバーグくずしキーマカレー

材料（4人分）

油 … 大さじ3
にんにく（みじん切り）… 1片（10g）
しょうが（みじん切り）… 1片（12g）
玉ねぎ（みじん切り）
　… 中1個（250g）
市販のハンバーグ … 400g
パウダースパイス
　コリアンダー … 大さじ1
　クミン … 小さじ2
　パプリカ … 小さじ1
　ターメリック … 小さじ1/2
　ブラックペッパー … 小さじ1/2
塩 … 小さじ1/2
プレーンヨーグルト … 100g
コーン（水煮）… 150g（固形量）

下準備

●ハンバーグはラフに切っておく。もしくは、手でくずしておく。
●たれつきなら、たれも少々とっておく。

作り方

1 鍋に油とにんにく、しょうが、玉ねぎを入れて、強めの中火でほんのりキツネ色（イタチ色）になるまで5分ほど炒める。ハンバーグ、あればたれ少々を加えて5分ほど炒める。

2 火をとめて**パウダースパイス**と塩を加えてよく混ぜ合わせる。

3 ヨーグルトとコーンを加えて混ぜ合わせ、中火でさっと炒める。

キーマカレーをひき肉で作らず、市販のハンバーグをくずして作るという大胆な発想のレシピ。想像しただけでおいしさは折り紙つき。くずし具合はお好みで。

キーマカレーバリエーションレシピ❷

できるなら合びき肉は買うより自分で切ったほうが味わいが深まります。ピーマンを細かくしたり、ナッツを叩いたり、そういう手作業が増えれば増えるほどおいしい。

てまをかけて

合びき肉と夏野菜のキーマカレー

材料（4人分）

油 … 大さじ 3
にんにく（みじん切り）… 1 片（10g）
しょうが（みじん切り）… 1 片（12g）
玉ねぎ（みじん切り）… 1 個（250g）
合びき肉（牛・豚）… 400g
ホールスパイス
- 香菜（みじん切り）… 2 株

パウダースパイス
- コリアンダー … 大さじ 1
- クミン … 小さじ 2
- パプリカ … 小さじ 1
- ターメリック … 小さじ 1/2
- ブラックペッパー … 小さじ 1/2

塩 … 小さじ 1/2 弱
みそ … 小さじ 1
砂糖 … 小さじ 1
トマトピューレ … 大さじ 3
赤ピーマン（1 cm角に切る）… 1 個（70g）
黄ピーマン（1 cm角に切る）… 1 個（70g）
いんげん（1 cm幅に切る）… 10 本
ミックスナッツ（砕く）… 大さじ 3

作り方

1 鍋に油を熱し、にんにくとしょうが、玉ねぎを加えてほんのりキツネ色（イタチ色）になるまで炒める。合びき肉を加えて火が通るまで炒める。

2 火をとめて**ホールスパイス**、**パウダースパイス**と塩、みそ、砂糖を加えてよく混ぜ合わせ、中火にして 1 分ほど炒める。

3 トマトピューレ、赤・黄ピーマン、いんげん、ミックスナッツを加えて混ぜ合わせる。強火で煮立て、フタをして弱火で 5 分ほど煮る。フタを開けて強火にして 3 ～ 5 分煮詰める。

Q どんな鍋がカレー作りに向いていますか？

A 直径18～21㎝程度で厚手の片手鍋。本当は炒めるときは底面積が広く、煮込むときには底面積が狭い鍋がいいんです。ただ、両立は不可能。だから、4人分程度なら直径が短めで深めの鍋がいいです。厚手だと炒めるときも煮込むときも焦げにくい。特に底面が厚いことが大事です。片手鍋だと前半の炒めるプロセスで鍋を動かしやすい。カレーは煮込み料理というイメージがありますが、本当は炒めるプロセスが重要なんです。

Q スパイスの保存方法を教えてください。冷蔵庫に入れたほうがいいですか？

A 密閉容器に入れて冷暗所で保存、が基本です。スパイスの品質を損なう要素はいくつかあります。それを避けることが大事です。紫外線の当たらない場所。温度が上がりにくい場所。湿気を帯びにくい場所。これらすべてを満たしているのは冷蔵庫です。ただ、何度も出し入れすると温度変化が影響してカビたり結露したりするリスクがあります。使い切りなら冷蔵庫がおすすめ。空気に触れて酸化がしにくい形態で保存するのも大切です。

Q 配合するスパイスの種類を増やせば増やすほどおいしくなるのですか？

A スパイスの種類はあまり増やしすぎると香りの個性が損なわれ、苦みや雑味の原因になります。1つのカレーを作るのに使用するスパイスは、5種類から10種類を目安にするといいでしょう。「20種類、30種類のスパイスを秘伝の配合で」などのうたい文句はかつての日本で尊重されていた配合です。カレーのルーツであるインド料理では、必要最低限のスパイスを上手に配合し、それぞれのスパイスの香りを生かして作ります。

Q カレー粉とガラムマサラの違いを教えてください

a カレーを作るときに主役になるのがカレー粉の香り、脇役として活躍するのがガラムマサラの香り、と覚えてください。どちらも複数種類のスパイスをミックスしている点は同じですが、カレー粉のほうがターメリックやレッドチリを含め、バランスのいい配合になっています。多めに使っても大丈夫。それに比べてガラムマサラは少しクセが強く、薬のような奥深い香りを持っています。控えめに使ってアクセントにするイメージです。

Q カレーを冷蔵保存する場合と、冷凍保存する場合の賞味期限を教えてください

a 冷蔵なら3日間、冷凍なら3か月間くらいが目安でしょうか。密閉できる容器に入れてください。大事なことは、できるだけ急速で冷蔵することです。アツアツのカレーが冷めていく過程で菌が繁殖しやすい温度帯を通過します。鍋ごと氷水につけるなどして一気に粗熱を取れば、長持ちしやすくなります。温めるときは、冷凍なら自然解凍し、容器が耐熱ならそのまま電子レンジで加熱すれば、煮詰まる心配もなく、状態が保たれます。

Q スパイスはいろいろなメーカーがあって迷います。選ぶときに気をつけたほうがいいことはありますか??

a ホールスパイスの場合、見た目が美しいものは香りや鮮度もいい場合が多いため、まずは見た目で選びましょう。ただし、加工・殺菌などによって見た目はよくても香りが飛んでしまう場合もあります。パウダースパイスは判断基準が難しい。いずれにしても最適な方法は、自分でいくつかのメーカーを買ってみて、試食して比べること。クミンシード、コリアンダーパウダーなどよく使うスパイスなら好きな香りを判断しやすいと思います。

Recipe 4

基本のほうれん草カレー

Basic spinach curry

不思議なことに、
緑色なのにカレーの味がします。
インドで人気の「サグ」という青菜のカレーは、
日本でもすっかり浸透。
ほうれん草がなぜこんなにカレーを
おいしくするのかも、不思議でなりません。
ほうれん草のピューレが受けとめる具は、
じゃがいもでも鶏肉でもチーズでもOK。
ほうれん草は多くても少なくてもラフに切っても
ミキサーをまわしてもOK。ほうれん草万歳！

基本のほうれん草カレーの作り方

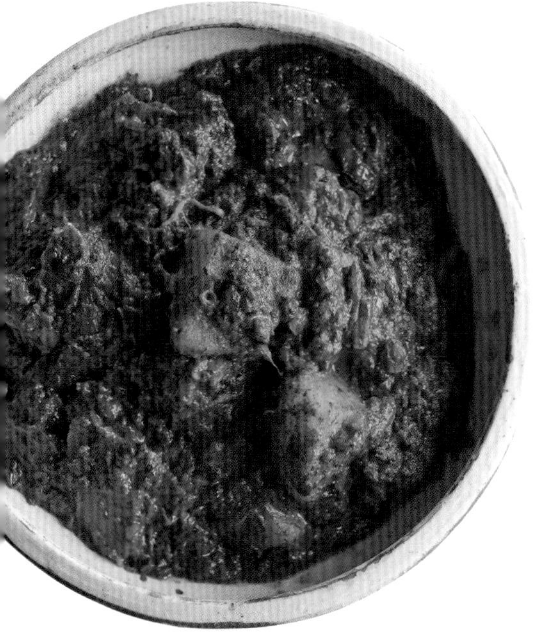

基本のほうれん草カレー

材料（4人分）

油 … 大さじ3
にんにく … 2片（20g）
玉ねぎ … 中1個（250g）
トマトピューレ … 大さじ2
ホールスパイス
- カスリメティ（あれば）… 大さじ3

パウダースパイス
- クミン … 大さじ1
- レッドチリ … 小さじ1
- ターメリック … 小さじ1/2

塩 … 小さじ1強
砂糖 … 小さじ1
じゃがいも … 3個（450g）
ほうれん草 … 8〜10株(200g)
水 … 150ml
生クリーム … 50ml
しょうが … 1片（12g）

作り方の主な流れ　目安調理時間：55分

工程	内容	時間
下準備	● じゃがいもを茹でて切る ● ほうれん草ピューレを作る ● 野菜を切る	35分
step 1 炒める	● にんにくと玉ねぎを炒める ● トマトピューレを加えてさらに炒める	10分
step 2 スパイスを入れる	● すべてのスパイスと塩、砂糖を加える	3分
step 3 煮る	● じゃがいも、ほうれん草ピューレ、生クリーム、しょうがを加えて煮る	5分

完成

下準備	step 1 炒める	step 2 スパイスを入れる	step 3 煮る

ココ

野菜を切る／ピューレ作り

1 じゃがいもを茹でて切る

じゃがいもは適量の湯で
塩少々（分量外）と共に皮のまま切らずに
20分ほどフタをして茹でる

皮をむき、ひと口大に切る

ターメリックを加えて茹でる

じゃがいもを茹でるときに皮をむいてひと口大に切り、ターメリックパウダー小さじ½を加えて色づけすると鮮やかな仕上がりになります。

すぐ使える ワザ

丸ごと煮ると皮はツルッとむける

じゃがいもの皮をむくのは手間。皮ごとたっぷりの湯で茹でてから熱いうちに皮をスライドさせるようになでると、スルッとむけます（火傷注意）。野菜は、火を通す前に包丁を入れる回数が少なければ少ないほど、その野菜らしさが強まります。じゃがいもは、切ってから茹でるよりホクホク感が増します。

2 ほうれん草ピューレを作る

ほうれん草は適量の湯（分量外）でさっと茹でる

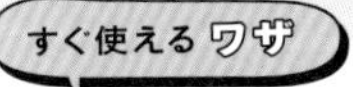

茹でるときは二段階で

ほうれん草は葉の部分と茎の部分では火の通り方が異なります。ピューレにする際、できるだけ均一の柔らかさになったほうがいいので、まずは茎の部分から茹で（1分程度）、次に葉の部分を入れてさっと茹でます（30秒程度）。

ミキサーやブレンダーでピューレする。ミキサーがまわりにくいときは水少々(分量外)を加えるとよい

ほうれん草を荒めのピューレにする

ほうれん草は粗くピューレしたり、半量だけ包丁で細かく刻むのもあり。違う食感が楽しめます。

3 にんにく、しょうが、玉ねぎを切る

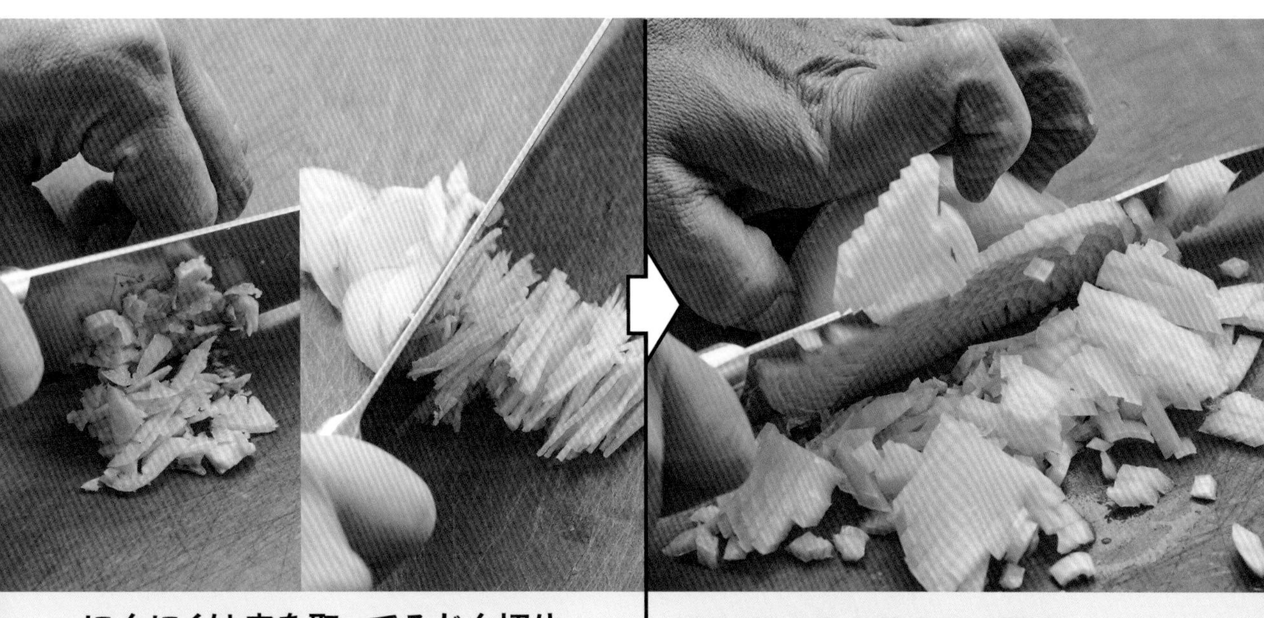

にんにくは皮を取ってみじん切り、しょうがは皮ごと千切りにする

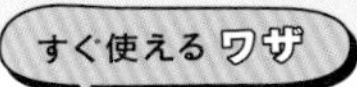

しょうがの千切りテクニック

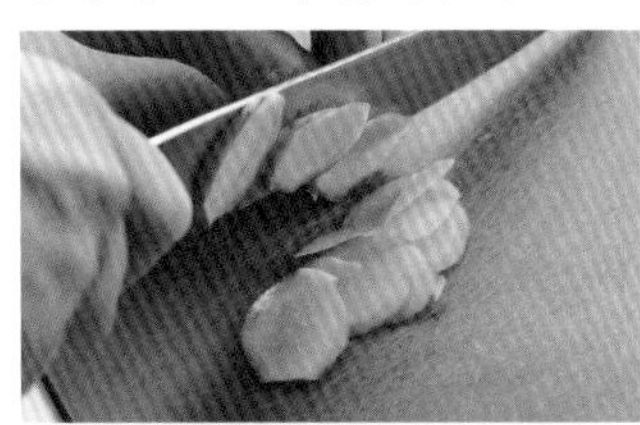

しょうがを千切りにするには、まず皮つきのまま薄くスライスします。スライスしたものを少しずつずらして重ねて、端から切っていくと千切りになります。このレシピでは、しょうがに火をあまり通さないので、できるだけ細く切ったほうがよいでしょう。

☞ 詳しいにんにくみじん切りの方法は P51へ

玉ねぎは皮と芯を取り除きみじん切りする

なるほどPOINT

玉ねぎは新玉ねぎでもいいの？

新玉ねぎには新玉ねぎのおいしさがあります。大量調理をする場合には「水が出すぎて困る」という人もいますが、家庭用の量で作る場合は、むしろ新玉ねぎのほうが作りやすいと僕は思います。炒めるときに適度に出てくる水分が鍋中の状態を調和してくれるため、焦がしたりする心配は普通の玉ねぎより少ないかもしれません。

☞ 詳しい玉ねぎのみじん切りの方法は P52へ

炒める

4 玉ねぎとにんにく、トマトピューレを炒める

鍋に油を強めの中火で熱し、にんにくと玉ねぎを加えて、玉ねぎがキツネ色になるまで炒める

失敗しやすい！

鍋の中を触りすぎるとキツネ色まで時間がかかる

玉ねぎを炒めているときは、基本的にあまり鍋中を触らないようし、焼きつけるようにします。「メイラード反応」といいますが、色づくことによって香ばしさやうま味を引き出すんです。焦げを心配して混ぜたくなる気持ちは我慢。鍋中を触りすぎると、玉ねぎが鍋と触れている時間が少なく、なかなかキツネ色になりません。

トマトピューレを加えてさっと炒め火をとめる

なるほどPOINT

トマトピューレは焦げやすいのでさっとでOK ！

トマトピューレとは、トマトを加熱し 3 倍に濃縮したものです（メーカーで濃縮率は異なる）。すでにトマトの水けは飛ばされているため、脱水するために長時間炒める必要はありません。水けがない分トマトピューレは焦げやすいので、トマトピューレを加えたら、さっと混ぜて火をとめましょう。

下準備	step 1 炒める	step 2 スパイスを入れる	step 3 煮る
		▲ココ	

スパイスを入れる

5 すべてのスパイスと塩、砂糖を加える

カスリメティ(あれば)、クミンパウダー、レッドチリパウダー、ターメリックパウダー、塩、砂糖を加える

よく混ぜ合わせる

なるほどPOINT

カスリメティはなくてもおいしいけど、あると完成度が格段に上がる

インド料理に使われるこのドライハーブは、今、カレー好きの間でマニアックに愛されています。メティとは別名フェヌグリーク(英語名)。生の状態では香りは弱いのですが、乾燥させると香ばしい茶葉のような香りが出ます。不思議なことにカレーに使うと深みが増すんです。よくもんで加え、炒めたり煮込んだりしましょう。

生のディルを刻んで加える

ディルとは爽やかな香りのするセリ科のハーブです。スパイスに生のディルを刻んで加えると、高級レストランの風味になります！

下準備	step 1 炒める	step 2 スパイスを入れる	step 3 煮る

ココ

煮る

6 残るすべての材料を入れて煮る

じゃがいもとほうれん草ピューレ、水、生クリーム、しょうがを加えて混ぜる

すぐ使えるワザ

ほうれん草ピューレは余すことなく使う

ほうれん草ピューレを作ったミキサーやブレンダーに残った取り切れないピューレはもったいないですよね。だから、軽量した水を一度ミキサーやブレンダーに入れて、ゆすぎ、その水を鍋に移すんです。そうすれば、ほうれん草を余すことなく使えるし、洗い物もラクになります。一石二鳥！

なるほどPOINT

しょうがは炒めなくてもいいの？

このレシピでは千切りのしょうがの歯応えを残したいので、あまり火を通さずにさっと煮るだけにします。シャキシャキした食感がアクセントになります。

バターをプラスして生クリームを増す

生クリームを 100ml に増量するとさらにコクが増します。また、炒める際に油大さじ 3 をバター 30g に代えてもコクが強まります。

ズル水野テクニック

完成

**強火にして煮立たせてから
弱火にしてさっと煮る**

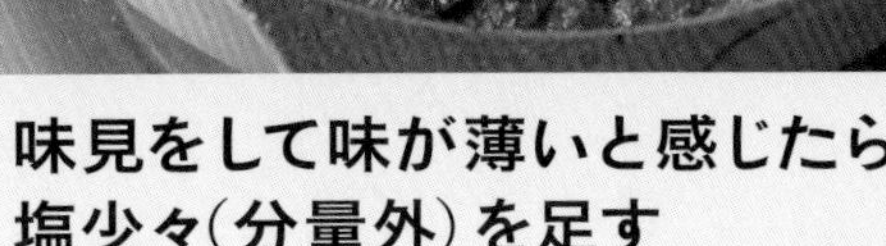

**味見をして味が薄いと感じたら
塩少々(分量外)を足す**

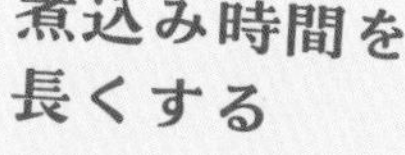

**煮込み時間を
長くする**

じゃがいもとほうれん草ペーストを入れたあと、生クリームとしょうがを入れる前に5分ほど煮込むと、ほうれん草の味わいがより出るようになります！

**トッピングに
チーズをプラスする**

チーズとの相性も抜群。マスカルポーネチーズや粉チーズ、とろけるチーズをトッピングすると、味変になって楽しいです。

基本のほうれん草カレー

アレンジ

Basic spinach curry Arrange

P.69～P.75のズル水野&てま水野のテクニックを全部使おう！！

ズル&てま ほうれん草カレー

・たっぷりのバターと生クリームでコクUP
・生のディルを加えて高級レストランの味に
・マスカルポーネチーズで
酸味とまろやかさをプラス

・ほうれん草は粗く刻んで
食感を楽しくする
・じゃがいもはターメリックパウダーで
色鮮やかに
・煮込み時間を長めにして
ほうれん草の味を強く出す

材料（4人分）

バター（有塩）… 30g
にんにく（みじん切り）… 2片（20g）
玉ねぎ（みじん切り）… 中1個（250g）
トマトピューレ … 大さじ2

ホールスパイス
カスリメティ（あれば）… 大さじ3

パウダースパイス
クミン … 大さじ1
レッドチリ … 小さじ1
ターメリック … 小さじ1/2

フレッシュスパイス
ディル（刻む）… 5本（5g）

塩 … 小さじ1強
砂糖 … 小さじ1
じゃがいも … 3個（450g）
ほうれん草 … 4～5株（100g）
水 … 150ml
生クリーム … 100ml
しょうが（千切り）… 1片（12g）
マスカルポーネチーズ … 70g

作り方

1

ほうれん草は適量の湯で塩少々（分量外）と共にさっと茹で、半分をミキサーまたはブレンダーでピューレにする。残る半分は粗く刻む。玉ねぎは皮と芯を取って、にんにくは皮を取ってみじん切り、しょうがは皮ごと千切りにする。ディルは刻む。

Point

ほうれん草は半分刻んで食感をプラス。ミキサーがまわりにくいときは水少々（分量外）を加える。

step 1

炒める

2

じゃがいもは皮をむき、ひと口大に切ってから、適量の水（分量外）とターメリック小さじ ½（分量外）と共に 15 分ほど茹でる。

Point

じゃがいもをターメリック色にしたい場合は、切ってから茹でる。完成が色鮮やかになる。

3

鍋にバターを強めの中火で熱する。

Point

バターはたっぷり 30g。たっぷりのバターの量を使うことでコクが強まる。

4

にんにくと玉ねぎを加えて、玉ねぎがキツネ色になるまで炒める。

5

トマトピューレを加えてさっと炒める。

step 2
スパイスを入れる

6

火をとめてホールスパイス（あれば）、パウダースパイス、フレッシュスパイス、塩、砂糖を加えて混ぜ合わせる。

Point

刻んだフレッシュディルを加えると香り高くなり、高級レストランで出てくるような味わいになる。

step 3
煮る

7

じゃがいもとほうれん草ピューレ、刻んだほうれん草、水を加えて強火にして煮立たせ、フタをして中火で5分ほど煮る。

Point

フタをしてしっかり煮ることで、ほうれん草の味わいがしっかりと出る。

8

フタを開け、生クリームとしょうがを加えてさっと煮る。

9

火をとめてマスカルポーネチーズを混ぜ合わせる。味見をして味が薄いと感じたら塩少々（分量外）を足す。

Point

マスカルポーネチーズがおすすめだが、粉チーズやとろけるチーズでもおいしい。コクがプラスされる。

ほうれん草カレーバリエーションレシピ❶

ズルい

ザグチキンカレー

材料（4人分）

油 … 大さじ 3
にんにく（みじん切り）… 2 片（20g）
鶏もも肉（ひと口大に切る）… 250g
ホールスパイス
　カスリメティ（あれば）… 大さじ 3
パウダースパイス
　クミン … 大さじ 1
　レッドチリ … 小さじ 1
　ターメリック … 小さじ 1/2
塩 … 小さじ 1/2
砂糖 … 小さじ 1
ほうれん草 … 4 〜 5 株（100g）
ブロッコリー … 1 株（200g）
トマトケチャップ … 大さじ 1
フライドオニオン … 50g
水 … 200ml
しょうが（千切り）… 1 片（12g）

下準備

●ほうれん草は適量の湯で塩少々（分量外）と共にさっと茹でてざく切りにしておく。
●ブロッコリーは固いところは取り除いて細かく切っておく。

作り方

1 鍋に油を強めの中火で熱し、にんにくと鶏肉を加えて肉の表面全体が色づくまで炒める。

2 火をとめて**ホールスパイス**（あれば）、**パウダースパイス**、塩、砂糖を加えて混ぜ合わせる。

3 ほうれん草とブロッコリー、ケチャップ、フライドオニオン、水、しょうがを加えて強火にして煮立て、フタをして弱火で 10 分ほど煮る。

ズル水野

ポイント

フライドオニオンは玉ねぎ炒めを省略できます。トマトの加熱が面倒なときはケチャップに頼りましょう。ブロッコリーは、ほうれん草カレーの強い味方。細かくして茹でれば、緑色と風味を強調するのに役立ちます。どのアイテムも加えて煮るだけでいいのがポイント。

ほうれん草カレーバリエーションレシピ❷

てまをかけて

パニールとほうれん草カレー

材料（4人分）

バター（有塩）… 30g
にんにく（みじん切り）… 2片
玉ねぎ（みじん切り）
…中1個（250g）
トマトピューレ … 大さじ2
ホールスパイス
カスリメティ（あれば）
… 大さじ3
パウダースパイス
クミン … 大さじ1
レッドチリ … 小さじ1
ターメリック … 小さじ1/2
フレッシュスパイス
ディル（刻む）… 5本（5g）
塩 … 小さじ1強
砂糖 … 小さじ1
ほうれん草
… 4〜5株（100g）
水 … 150ml
パニール
牛乳 … 4リットル
米酢 … 100ml
生クリーム … 100ml
しょうが（千切り）
… 1片（12g）

下準備

●ほうれん草は適量の湯で塩少々（分量外）と共にさっと茹で、ミキサーやブレンダーで完全にピューレにする。ミキサーがまわりにくいときは水少々（分量外）を加える。
●**パニール**を作る。鍋に牛乳を入れて沸騰させ、火をとめて酢を加えて分離させる。布巾で濾してまとめて搾り、重しをのせて2時間ほどおく。食べやすいサイズに切る。

作り方

1 鍋にバターを中火で熱し、バターが溶けてきたら、にんにくと玉ねぎを加えて強めの中火にし、玉ねぎがキツネ色になるまで炒める。トマトピューレを加えてさっと炒めて、火をとめる。

2 **ホールスパイス**（あれば）、**パウダースパイス**、**フレッシュスパイス**、塩、砂糖を加えて混ぜ合わせる。

3 ほうれん草ピューレ、水を加えて強火にして煮立て、フタをして中火で5分ほど煮る。フタを開け、パニールと生クリーム、しょうがを加えてさっと煮る。

Recipe 5

基本の豆カレー

Basic Beans curry

豆の持つおいしさや食感の豊かさに
再注目しています。豆カレーというと、
ちょっと脇役的なイメージを持つ人も多いかもしれません。
でもここで紹介する豆カレーの数々はどれも堂々と
食事の中心に立てるものばかり。豆の種類によって
スパイスの使い方やカレーの作り方を変えると
より豊かな風味に出会えます。
具として味わうだけでなく、
ソースの深みに変える手法も紹介します。

基本の豆カレーの作り方

基本の豆カレー

材料（4人分）

油 … 大さじ3
玉ねぎ … 中1個（250g）
にんにく（すりおろし・チューブ可）… 1片（10g）
しょうが（すりおろし・チューブ可）… 1片（12g）
トマトピューレ … 大さじ2

ホールスパイス
- クミンシード … 小さじ1/2
- カスリメティ（あれば）… 大さじ2

パウダースパイス
- コリアンダー … 小さじ2
- パプリカ … 小さじ1
- ターメリック … 小さじ1/2
- ブラックペッパー … 小さじ1

フレッシュスパイス
- 香菜 … 大さじ2

塩 … 小さじ1強
プレーンヨーグルト … 100g
水 … 100ml
ひよこ豆（水煮）… 400g（固形量）

作り方の主な流れ　目安調理時間：30分

下準備	● 野菜を切る	10分
step 1 炒める	● 玉ねぎを炒める ● にんにく、しょうがを加えて炒める ● トマトピューレを加えてさらに炒める	10分
step 2 スパイスを入れる	● すべてのスパイスと塩を加えて混ぜる	3分
step 3 煮る	● ヨーグルト、水、ひよこ豆を加えて煮る	3分

完成

下準備 ｜ step 1 炒める ｜ step 2 スパイスを入れる ｜ step 3 煮る

ココ

野菜を切る

1 玉ねぎ、にんにく、しょうが、香菜を切る

**玉ねぎは皮と芯を取って1cm角に切る。
にんにく、しょうがはすりおろす（チューブでもOK）。
香菜は根がついていれば、根ごとみじん切りにする**

すぐ使える ワザ

角切りはなるべく大きさを揃える

玉ねぎを角切りにするときは、まず半分に切ったあと、断面を下にして、繊維に沿って玉ねぎの中心に向かって斜めに包丁を入れます。6等分くらい。向きを変えて、繊維を断つようになるべく正方形に近くなる幅で切っていきます。
大きさが揃うと、火が通る速度も同じになります。

なるほど POINT

にんにくしょうがのすりおろしはチューブでもOK

にんにくとしょうがのすりおろしは生のものをすりおろしたほうが断然香りがよく、もちろんおいしいのですが、面倒という人は、市販のチューブタイプを使っても構いません。チューブだと、にんにく10gは小さじ2、しょうが12gは大さじ1弱。ただ、チューブタイプにはにんにく・しょうが以外のものも含まれているので、気になる人はすりおろして。

玉ねぎの1/4をすりおろして加える

玉ねぎの1/4程度をすりおろして炒めると豆との相性がアップ。すりおろしを加えるのは、にんにくしょうがを加えるタイミングで。

下準備	step 1 炒める	step 2 スパイスを入れる	step 3 煮る
	▲ココ		

炒める

2 玉ねぎを炒める

鍋に油を強めの中火で熱し、玉ねぎを加える。

玉ねぎの茶色の部分は取り除こう

玉ねぎの皮は外側の茶色い皮を取っても、白い過食部に少しだけ茶色い部分が残ることがあります。その場合、茶色い部分は取り除くようにしましょう。茶色い皮は加熱しても柔らかくならず、口に入れたときに舌触りが悪くなってしまいます。

玉ねぎがキツネ色になるまで炒める

失敗しやすい!

キツネ色ってどのくらい?

まだまだ

OK!

角切りの場合は山になってしまうので、できるだけ木べらなどで平らにならして、玉ねぎが均等に鍋底に当たるようにします。そして、焼きつけるようにしてあまり鍋中は触りません。
角切りにした玉ねぎは縁から色づいていきますが、真ん中がキツネ色になる程度までしっかり炒めます。

3 にんにく、しょうがを加える

にんにく、しょうがを加えて炒める

にんにくを増やしてうま味増！

にんにくを増やせばうま味が増す。にんにくにはガツンとしたうま味があるので、好きな人は大さじ2まで増やしても大丈夫。

4 トマトピューレを加える

トマトピューレを加えてさっと炒めて火をとめる

なるほどPOINT

トマトピューレは時短アイテム

カレー作りにおいて炒める工程でどれだけ脱水できるかが、おいしさの命運を分けるといっても過言ではありません。生のトマトがいちばん時間がかかり、次に時間がかかるのがホールトマトなどのトマト缶です。しかし、トマピューレはすでに煮詰めて濃縮してあるもの。すでに炒める工程が終わっているので、水気を飛ばすという工程が必要ないのです。

スパイスを加える

5 すべてのスパイスと塩を加える

クミンシード、カスリメティ(あれば)、コリアンダーパウダー、パプリカパウダー、ターメリックパウダー、ブラックペッパーパウダー、香菜、塩を加える

よく混ぜ合わせる

スパイスは同量のカレー粉で代用

パウダースパイスを揃えるのが面倒なら、同量のカレー粉大さじ3弱で代用も可能。クミンシードとカスリメティはあったほうがおいしいです。

カスリメティは乾煎りしてから加える

カスリメティ大さじ2は、フライパンでさっと乾煎りしてから、手で揉んでパウダー状にすると香りが増幅します。

煮る

6 ヨーグルトと水、ひよこ豆を加えて煮る

ヨーグルトと水、ひよこ豆を加えて強火にして煮立ててから、弱火にしてさっと煮る

味見をして味が薄いと感じたら塩少々（分量外）を足す

木べらについたうま味も逃さない！

水を加えるときに、木べらにはわせるように流し込むと木べらについたカレーソースや具材もしっかり鍋に戻ってくれます。

ナッツを加えてコク増し！

ミックスナッツ（無塩・ロースト）を大さじ3程度、砕いてから加えるとコクが強まります。有塩のものを使う場合は、塩けに注意。

ひよこ豆はつぶして加える

ひよこ豆は加える前に、適度につぶしておくと豆にソースが絡みやすくなり、仕上がりが味わい深くなります。

基本の豆カレーアレンジ

basic beans curry Arrange

P.85～P.89のズル水野＆てま水野のテクニックを全部使おう！！

ズル＆てま 豆カレー

ズル水野

テクニック

- カレー粉を使ってお手軽に
- ナッツを砕いて加えるとコクが強まる
- にんにくを増やせばうま味が増す

- カスリメティはひと手間かけて香り増幅
- ひよこ豆は適度につぶして加えると味わい深くなる
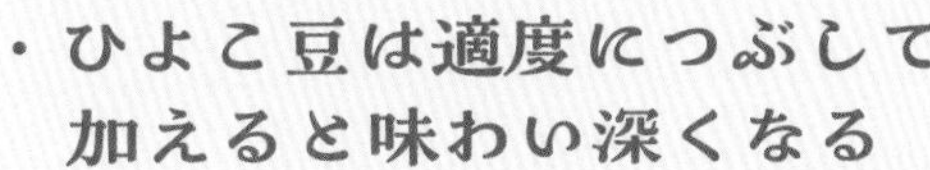
- 玉ねぎの1/4程度をすりおろして加えると豆と絡みやすくなる

てま水野

テクニック

材料（4人分）

油…大さじ3
玉ねぎ…1個（250g）
にんにく（すりおろし・チューブ可）…2片（20g）
しょうが（すりおろし・チューブ可）…1片（10g）
トマトピューレ…大さじ2

ホールスパイス
クミンシード…小さじ1/2
レッドチリ…2本
カスリメティ（あれば）…大さじ2

パウダースパイス
カレー粉…大さじ2強

フレッシュスパイス
香菜（みじん切り）…大さじ2

塩…小さじ1強
プレーンヨーグルト…100g
水…200ml
ひよこ豆（水煮）…400g（固形量）
ミックスナッツ（無塩・ロースト）…大さじ3

作り方

カスリメティがあれば、フライパンでさっと乾煎りし、手で揉んでパウダー状にしておく。

Point

カスリメティはフライパンで乾煎りしてからパウダー状にすると、香り増幅する。

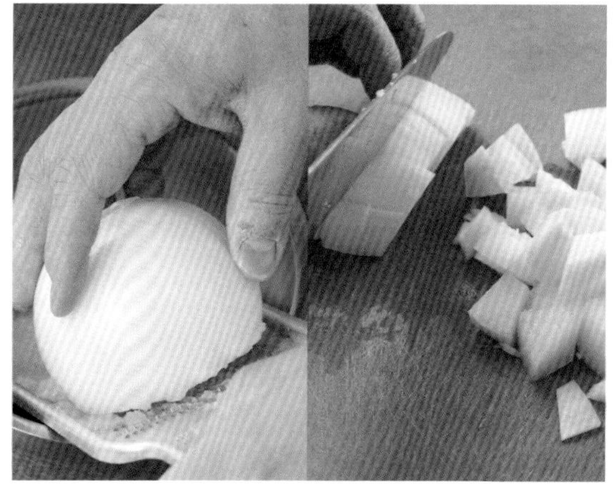

2

玉ねぎは皮と芯を取って1/4程度をすりおろし、残りを1㎝角に切る。香菜は根がついていれば根ごとみじん切りにする。
にんにくとしょうがはすりおろす（チューブでもOK）。

3

ひよこ豆はジッパーつき袋などに入れて、手で適度につぶしておく。ミックスナッツもジッパーつき袋に入れてボウルの底などを使って適度に砕いておく。

Point

ひよこ豆は適度につぶしておくとソースが絡みやすく、味わい深くなる。ミックスナッツは砕いていれることで仕上がりのコクが強まる。

step 1

炒める

4

鍋に油を熱し、角切りの玉ねぎを加えて強めの中火でキツネ色になるまで炒める。

5

すりおろした玉ねぎはボウルに入れ、にんにく、しょうが、100mlの水（分量外）とよく混ぜてGGピューレとし、❹に加えて煮詰め、水分がきっちり飛ぶまで炒める。

Point

GGピューレとは「ガーリックジンジャーピューレ」のこと。玉ねぎは一部をすりおろすしてから煮詰めることでカレーソースと豆との相性がアップする。

6

トマトピューレを加えて、さっと炒める。

step 2

スパイスを入れて

7

火をとめ、**ホールスパイス**、**パウダースパイス**、**フレッシュスパイス**、塩を加えて、混ぜ合わせる。

step 3

煮る

8

ヨーグルトと水、ひよこ豆、ミックスナッツを加えて混ぜる。

完成

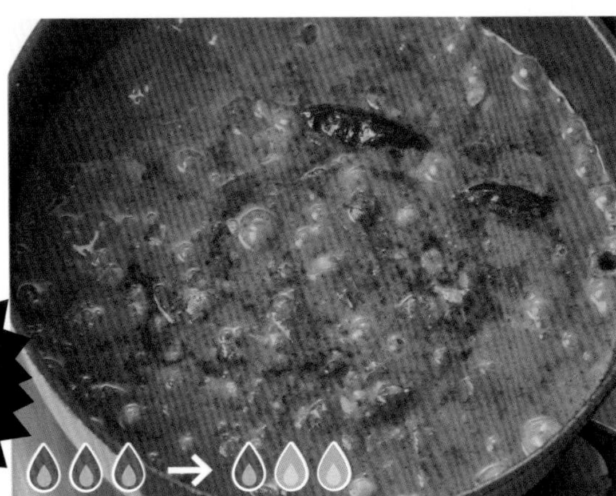

9

強火で煮立て、フタをして弱火で 10 分ほど煮る。味見をして味が薄いと感じたら塩少々（分量外）を足す。

ズルい

ミックスビーンズのカレー

材料（4人分）

油 … 大さじ 3
玉ねぎ（1㎝角に切る）… 中 1 個（250g）
ホールスパイス
│クミンシード … 小さじ 1/2
パウダースパイス
│コリアンダー … 小さじ 2
│パプリカ … 小さじ 1
│ターメリック … 小さじ 1/2
│ブラックペッパー … 小さじ 1
│カスリメティ … 大さじ 2
フレッシュスパイス
│香菜（みじん切り）… 大さじ 2
塩 … 小さじ 1 強
水 … 100ml
ミックスビーンズ（水煮）… 400g（固形量）
カレールウ … ひとかけ（1 人分）

作り方

1 鍋に油を強めの中火で熱し、玉ねぎを加えてキツネ色になるまで炒める。

2 火をとめて**ホールスパイス**、**パウダースパイス**、**フレッシュスパイス**、塩を加えて混ぜ合わせる。

3 水とミックスビーンズを加えて強火にして煮立て、弱火にしてさっと煮る。カレールウを溶かし混ぜる。

とっておきの技を伝授。それは、スパイスを使ったカレーの隠し味にカレールウをひとかけ加えること。しっかりスパイスの香りが主張しつつも、どことなくなじみのあるおいしさが宿る「いいとこどり」の仕上がりが生まれます。内緒にしておいてください。

豆カレーバリエーションレシピ❷

てまをかけて

ポタージュ風豆カレー

材料（4人分）

油 … 大さじ 3
玉ねぎ（みじん切り）… 小 1 個（200g）
にんにく（みじん切り）… 2 片（200g）
しょうが（みじん切り）… 1 片（10g）
ホールスパイス
クミンシード … 小さじ 1/2
レッドチリ … 2 本
パウダースパイス
カレー粉 … 大さじ 1
フレッシュスパイス
香菜（みじん切り）… 大さじ 2
塩 … 小さじ 1 強
水 … 200ml
ムングダル（皮なし）… 200g
トマト（ざく切り）… 1 個（200g）
バター（有塩）… 20g

下準備

●ムングダルはざっと洗って 30 分ほど浸水し、ざるに上げておく。

作り方

1 鍋に油を強めの中火で熱し、玉ねぎとにんにく、しょうがを加えて玉ねぎがキツネ色になるまで炒める。

2 火をとめて**ホールスパイス、パウダースパイス、フレッシュスパイス、**塩を加えて混ぜ合わせる。

3 水を加えて強火で煮立て、ムングダルとトマト、バターを加えて混ぜ合わせ、フタをして弱火で 20 分ほど煮る。

ムングダル（ムング豆）というのは、豆もやしや春雨の原料になっている豆です。小さくて浸水時間は短くてすみ、煮るとポタージュのような風味になります。隠し味にカレー粉を。

てま水野ポイント

Recipe 6

基本のグリーンカレー

Basic Green curry

タイのグリーンカレーをベースにオリジナルの
アレンジを加えて作るカレー。現地では
「ゲーンキョウワーン」と言って、「淡い緑色」を
意味します。石臼を使ってペーストを作りますが、
ミキサーでもできる。レッドカレーや
イエローカレーなら市販のカレーペーストや
カレー粉を応用する方法も。ハーブや
発酵調味料がココナッツミルクと出会う、
他にない独特の風味があります。

基本のグリーンカレーの作り方

基本のグリーンカレー

材料（4人分）

油 … 大さじ2
鶏もも肉 … 250g
ペースト用
にんにく … 1片（10g）
しょうが … 1片（12g）
乾燥エビ（あれば）… 小さじ1（3g）
塩こうじ … 大さじ1
イカの塩辛（あれば）… 小さじ1（10g）
グリーンチリ（あれば）… 1本
ししとう … 5本
スイートバジル…葉20枚(10g)

ホールスパイス
こぶみかんの葉（あれば）… 5～6枚
パウダースパイス
コリアンダー … 小さじ1/2
クミン … 小さじ1/2
水 … 150ml
ココナッツミルク … 150ml
ナンプラー … 小さじ2
砂糖 … 小さじ1
なす … 小3本（200g）
ししとう … 5本

作り方の主な流れ 目安調理時間：30分

工程	内容	時間
下準備	● 野菜と肉を切る ● ペーストを作る	10分
step 1 炒める	● 鶏肉とペーストを炒める	5分
step 2 スパイスを入れる	● すべてのスパイスを加える	3分
step 3 煮る	● ココナッツミルクを加えて煮る ● ナンプラーと砂糖、なす、ししとうを加えて煮る	3分

完成

下準備	step 1 炒める	step 2 スパイスを入れる	step 3 煮る

ココ

野菜と肉を切る／ペースト作り

1 野菜と肉を切る

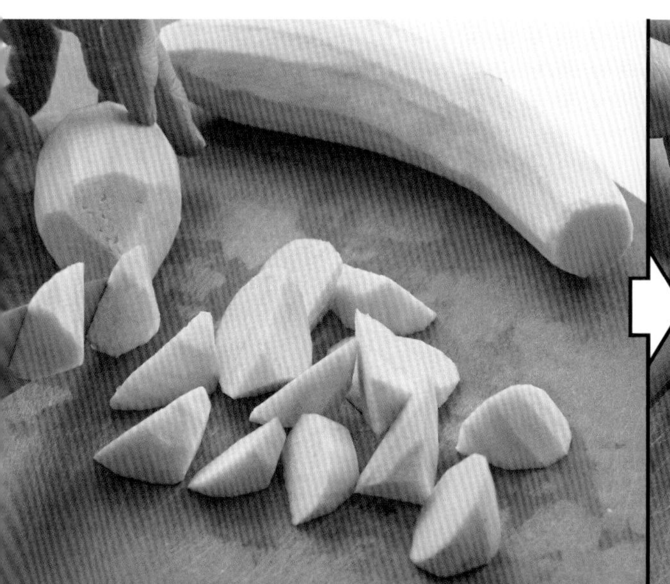

なすはヘタを取り皮をむいて ひと口大に切り、水にさらしておく

なすの皮はカレーのグリーンを引き立てるためにむいておく

グリーンカレーの鮮やかな色をしっかりと出したいから、なすは皮をむいて使います。ヘタを切り落としたあとにピーラーを使えばかんたんにむけます。またなすは切ったあとからすぐに変色してしまうので、鍋に入れるまでは、水にさらしておきましょう。

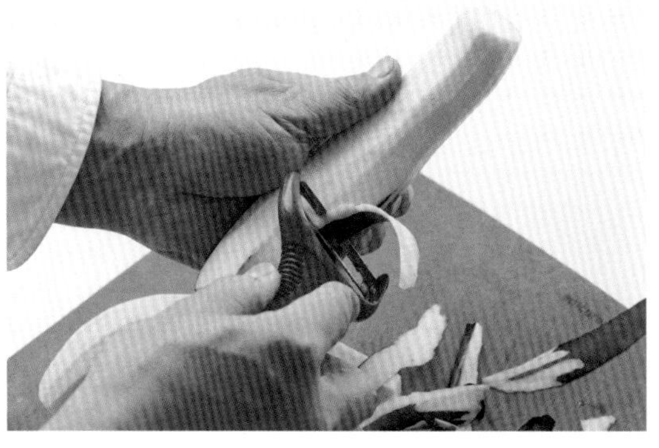

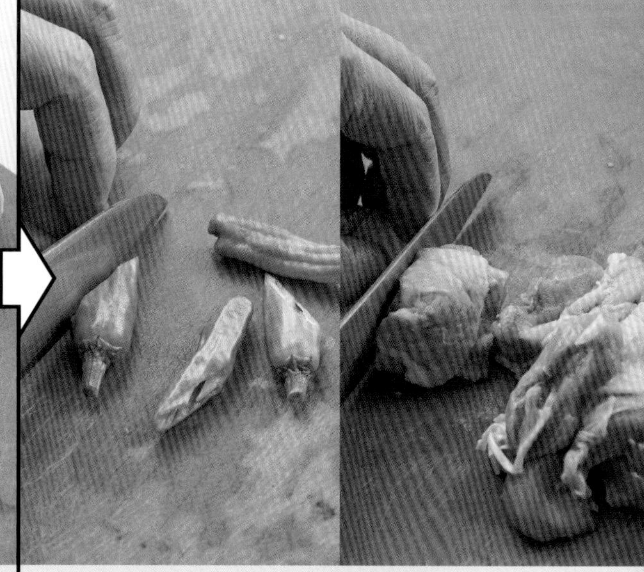

ししとうはペーストに使う5本は ヘタを取る。具になるししとう5本は ヘタを取って斜め切りにする。 鶏肉はひと口大に切る

なるほどPOINT

グリーンカレーには玉ねぎを使わない!?

タイのグリーンカレー（ゲーンキョウワーン）には、ホムデンという名の小玉ねぎが使われます。ただ、少量なので、なければなくてもそれほど大きな問題はありません。玉ねぎを炒めずにカレーができるなんて、新鮮な体験かもしれません。もちろん、ごく少量の玉ねぎをすりおろしてペーストと一緒に炒めるのもおすすめです。

2 ペーストを作る

ペースト用の材料をすべて ミキサーまたはブレンダーに入れる

なるほどPOINT

いかの塩辛や干しエビは魚介のうま味を出すのに最適

タイでゲーンと呼ばれる料理（煮物料理の総称）によく使われる材料の中に「ガピ」と呼ばれる小エビの発酵調味料があります。少しクセがあって塩辛く、うま味が強いアイテムです。日本では限られた食材屋さんなどでしか手に入らないため、普通のスーパーにあるもので代用を考えた結果、これらのアイテムにたどり着きました。

ペーストにする

市販のグリーンカレーペーストを使う

ミキサーやブレンダーがなかったり、面倒くさいと感じる人は、市販のグリーンカレーペーストを使っても◎。最近は大型スーパーでも買えますし、通販ではかんたんに手に入ります。

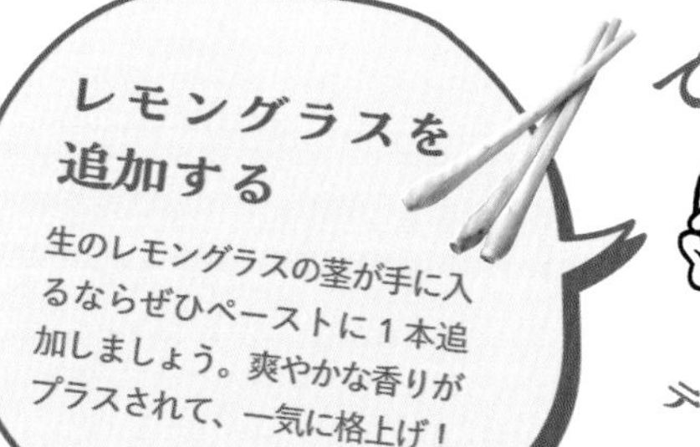

レモングラスを追加する

生のレモングラスの茎が手に入るならぜひペーストに１本追加しましょう。爽やかな香りがプラスされて、一気に格上げ！

てま水野 CURRY テクニック

下準備	step 1 炒める	step 2 スパイスを入れる	step 3 煮る
	▲ ココ		

炒める

❸ 鶏肉とペーストを炒める

鍋に油を強めの中火で熱し、鶏肉とペーストを加える

鶏肉の表面が色づくまで炒める

水っぽさがなくなるのがベスト

まだまだ

OK！

鶏肉の表面が色づけばOKですが、水っぽさが残っているなら、しっかりと水っぽさがなくなるまで炒めましょう。

下準備　step 1 炒める　step 2 スパイスを入れる（ココ）　step 3 煮る

スパイスを加える

4 すべてのスパイスを加える

こぶみかんの葉（あれば）、コリアンダーパウダー、クミンパウダーを加える

なるほどPOINT

塩辛や干しエビは塩分があるため塩は入れない

他のレシピでは、スパイスを加えるタイミングで塩も加えていましたが、ペーストに使う塩辛や干しエビには塩分があるため、ここでは塩は加えません。市販のグリーンカレーペーストも塩分量が十分にありますし、このあと加えるナンプラーも塩けが強い調味料です。しょっぱくなると後戻りできませんから、完成したときに味見をして味が薄いと感じたら塩を少々を足して調整するようにしましょう。

なるほどPOINT

こぶみかんの葉は冷凍でもドライでも

こぶみかんの葉があると一気にタイカレーの爽やかな香りを出すことができます。生のものは、タイ料理食材の専門店などで買えることもありますが、日本ではなかなか手に入らないので、比較的手に入りやすい冷凍やドライでもOKです。

よく混ぜ合わせる

バジルの量を増やす

もっと色鮮やかにしたい場合は、スイートバジルを増やします。ペーストを作るときに30枚くらいまで増やすとよいでしょう。

下準備	step 1 炒める	step 2 スパイスを入れる	step 3 煮る

ココ

煮る

完成

5 残りのすべての材料を加えて煮る

水とココナッツミルクを加えて強火で煮立てる。弱火にして、ナンプラーと砂糖、なす、ししとうを加えてフタをして3分ほど煮る

味見をして味が薄いと感じたら塩少々（分量外）を足す

グリーンピースを追加投入する

もっとグリーンを色鮮やかにしたいなら、具材にグリーンピース（水煮）をプラス。好みですが、50g～100g（固形量）くらい追加しても。

ココナッツミルクを増やす

水を100mlに減らし、ココナッツミルクを200mlに増やすとより濃厚なグリーンカレーになります。

砂糖、ナンプラーを増やす

砂糖を小さじ1→小さじ2、ナンプラーを小さじ2→大さじ1まで増やしてもOK！ 風味がよくなり、現地感が増します。

すぐ使えるワザ

ゴムベラを使ってなすは平らにならす

変色防止で水にさらしていたなすは水けをしっかり切ってから加えます。なすの変色を防ぎ、火の通りを均一にするために、ゴムべらなどを使って押さえつけるようにしてなすを平らに広げ、スープのなかにすべて浸すようにします。

基本のグリーンカレーアレンジ

Basic Green curry Arrange

P.99〜P.103のズル水野&てま水野のテクニックを全部使おう！！

ズル&てま グリーンカレー

ズル水野テクニック

・市販のグリーンカレーペーストでお手軽に
・ココナッツミルクをたっぷり使ってリッチに！
・砂糖、ナンプラー増量でより現地感を増す

・バジルの使用量を増やせば緑色がより鮮やかに
・具としてグリーンピースを追加すると甘味や風味と色どりが強まる
・レモングラスをペーストの材料に加えると香りがより楽しめる

てま水野テクニック

材料（4人分）

ココナッツミルク…200ml
油…大さじ2
ペースト用
市販のグリーンカレーペースト…4人分
玉ねぎ（ざく切り）…小1/4個（50g）
レモングラスの茎（あれば・薄い輪切り）…1本
スイートバジル…葉30枚（15g）

鶏もも肉…250g
ホールスパイス
こぶみかんの葉（あれば）…4枚
パウダースパイス
コリアンダー…小さじ1/2
クミン…小さじ1/2
水…100ml

ナンプラー…大さじ1
砂糖…小さじ2
なす…小3本（200g）
グリーンピース（水煮）…100g（固形量）

作り方

1

ペースト用の材料をミキサーまたはブレンダーでペーストにしておく。

Point

市販のペーストをただ使うだけではなく、玉ねぎやバジルを追加してペーストを格上げ。レモングラスの茎が手に入ればさらに香りが豊かになる。

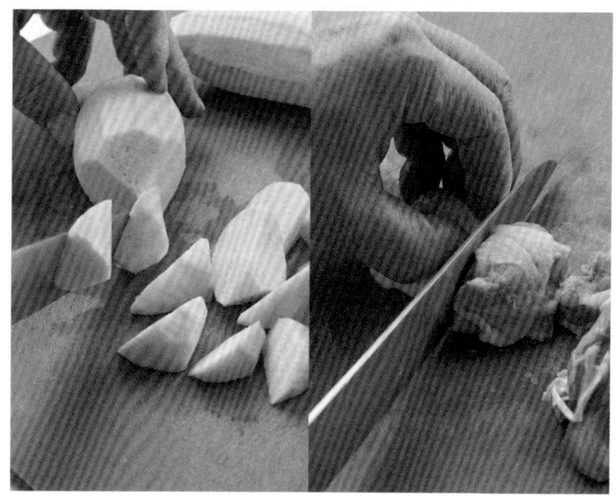

2

なすはヘタを取り皮をむいてから、ひと口大に切る。変色防止のため、水にさらしておく。鶏肉はひと口大に切る。

step 1 炒める

3

鍋にココナッツミルク 50ml と油を入れて強めの中火で熱し、ペーストを加えてしっかり炒める。

Point

水分が飛び、油がにじみ出てくれば OK。

4

鶏肉を加えて表面全体が色づくまで炒める。

step 2 スパイスを加える

5

火をとめて**ホールスパイス**（あれば）と**パウダースパイス**を加えて混ぜる。

Point

こぶみかんの葉の香りが加わると、現地感が増すのでおすすめ。フレッシュなものがベストだが、冷凍でもドライでも OK。

step 3

煮る

水と残りのココナッツミルク 150ml を加える。

Point

ココナッツミルクをたっぷり使うことで、仕上がりにコクが出る。

強火で煮立てる。

Point

煮立てるとココナッツミルクの油が浮いてくる。これがうま味になる。

弱火にしてナンプラーと砂糖、なす、グリンピースを加える。ゴムベラなどを使ってナスをしっかり浸らせるようにするとよい。

Point

砂糖、ナンプラーをしっかりと使うことで現地っぽい味わいになる。

フタをして弱火で3分ほど煮る。味見をして味が薄いと感じたら塩少々（分量外）を足す。

グリーンカレーバリエーションレシピ❶

ズルい

エビのレッドカレー

材料（4人分）

油 … 大さじ 2
市販のレッドカレーペースト … 4 人分
ホールスパイス
　こぶみかんの葉（あれば）… 5 ～ 6 枚
パウダースパイス
　クミン … 小さじ 1/4
　コリアンダー … 小さじ 1/2
　パプリカ … 小さじ 1/2
水 … 150ml
ココナッツミルク … 200ml
ナンプラー … 小さじ 2
砂糖 … 小さじ 1
なす（皮をむき、ひと口大に切る）… 小 3 本（200g）
赤ピーマン（スライス）… 1 個（70g）
エビ（殻をむいて背ワタを取る）… 大 12 尾（250g）

作り方

1 鍋に材料をすべて入れて混ぜ合わせる。強火で煮立て、フタをして弱火で 15 分ほど煮る。

2 フタを開けて水分が足りなければ少し足し、多すぎればそのまま好みのとろみになるまで煮詰める。

市販のカレーペーストはよくできています。素材をつぶし、加熱調理するプロセスをすべて完了した状態で手に入る。ということは、具を煮るだけでいいんです。それをうまく活用して、このカレーは、「ハンズオフ」手法で作ります。フタをして煮るだけ。かんたん。

グリーンカレーバリエーションレシピ❷

てま をかけて

魚のイエローカレー

タイカレーのペーストは自分で作るとフレッシュな風味を生むことができます。現地ではガピという専門的な発酵調味料を使いますが、その代わりに塩こうじやイカの塩辛、乾燥エビなどで代用したのがポイント。意外な組合せでおいしいカレーができます。

材料（4人分）

ココナッツミルク…150ml
油… 大さじ2
ペースト用
- にんにく… 1片（10g）
- しょうが… 1片（12g）
- 乾燥エビ（あれば）… 小さじ1（3g）
- 塩こうじ… 大さじ1
- イカの塩辛（あれば）… 小さじ1（10g）
- レモングラス（あれば・スライス）… 1本
- 玉ねぎ（ざく切り）… 小1/2個（100g）

ホールスパイス
- こぶみかんの葉（あれば）… 5～6枚

パウダースパイス
- カレー粉…大さじ1

水…150ml
ナンプラー…大さじ1
砂糖…小さじ2
ヤングコーン（斜め切り）…5本（50g）
黄ピーマン（スライス）…1個（70g）
たら（または白身魚・切り身）…300g

下準備

ペースト用の材料をミキサーまたはブレンダーでペーストにしておく。

作り方

1 鍋にココナッツミルク50mlと油を入れて中火で熱し、ペーストを加えてしっかり炒める。水分が飛び、油がにじみ出てくるまで。

2 火をとめて**ホールスパイス**（あれば）、**パウダースパイス**を加えて混ぜ合わせる。

3 水と残りのココナッツミルク100mlを加えて強火で煮立てる。弱火にしてナンプラーと砂糖、ヤングコーン、黄ピーマン、たらを加え再び煮立ててから、中火にして3分ほど煮る。

Recipe 7

基本のポークビンダルー

Basic Pork Vindaloo

ポークビンダルーというのは
聞きなれないカレーの名前ですが、
インド・ゴア州で
親しまれている料理です。
ポルトガル料理の影響を受けて
生まれた辛くて酸っぱい豚肉のカレー。
おいしく作るコツは玉ねぎも
スパイスもきっちり炒めること。
リッチな味わいに特徴があるため、
ご飯が進みます。マニアックで知る人ぞ知る
このカレーをマスターすれば、
みんなに自慢できると思いますよ。

基本のポークビンダルーの作り方

基本のポークビンダルー

材料（4人分）

油 … 大さじ3強
玉ねぎ … 小1個（200g）
豚バラ肉 … 450g
にんにく … 1片（10g）
しょうが … 1片（12g）
ホールトマト … 100g
プレーンヨーグルト … 50g

ホールスパイス
- グリーンカルダモン … 3粒
- クローブ … 5粒
- シナモン … 1/2本

パウダースパイス
- コリアンダー … 大さじ1
- レッドチリ … 小さじ1
- ガラムマサラ … 小さじ1
- ターメリック … 小さじ1/4

塩 … 小さじ1強
水 … 300ml
穀物酢（または米酢など）… 大さじ1と1/2

作り方の主な流れ　目安調理時間：25分

下準備	● 野菜と肉を切る	10分
step 1 炒める	● 玉ねぎを炒める ● 豚肉、にんにく、しょうがを加えて炒める ● トマトとヨーグルトを加えてさらに炒める	15分
step 2 スパイスを入れる	● すべてのスパイスと塩を加えて混ぜる	3分
step 3 煮る	● 水と酢を加えて煮る	35分

完成

下準備	step 1 炒める	step 2 スパイスを入れる	step 3 煮る

ココ

野菜を切る

1 野菜と肉を切る

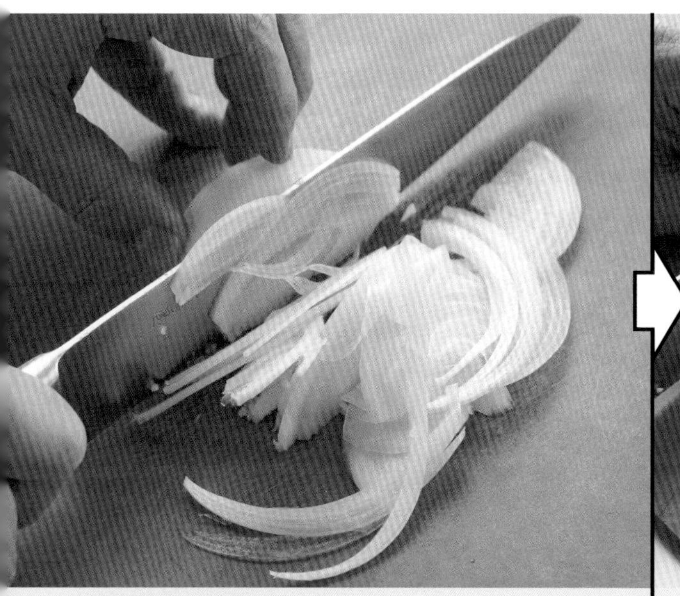

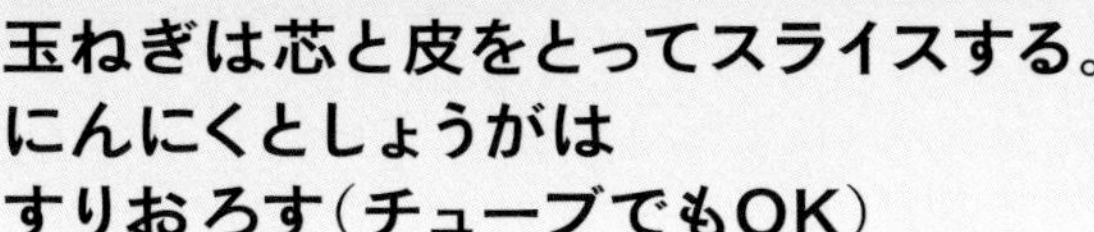

玉ねぎは芯と皮をとってスライスする。にんにくとしょうがはすりおろす（チューブでもOK）

豚肉はひと口大に切る

なるほどPOINT

玉ねぎのスライスは繊維に沿って

玉ねぎをスライスするときは繊維に平行に1〜2mmの厚さに切ります。繊維を断つように切ると水分が出やすくなります。今回は、揚げ焼くように炒めるので、水分が出にくい繊維と平行に切るのがよいでしょう。

豚肉は市販の角煮で代用可能

豚バラ肉の代わりにコンビニなどでも買える豚の角煮を同量使えば、煮込み時間も少なく、かんたんにおいしくなります（だって市販の角煮にはうま味を感じやすい調味料がたくさん入っていますから）。

下準備	step 1 炒める	step 2 スパイスを入れる	step 3 煮る

▲ココ

炒める

2 玉ねぎを炒める

鍋に油を強めの中火で熱し、玉ねぎを加えて揚げるように炒める

玉ねぎがしっかりと色づくまで炒める

ズル水野

テクニック

市販のフライドオニオンを使う

玉ねぎは炒めずに市販のフライドオニオン50gをそのまま使うと楽々においしくなります。フライドオニオンを使うときは、豚肉とにんにく、しょうがを炒めるときに一緒に加えます。

自分でフライドオニオンを作る

同量の玉ねぎをスライスして別鍋で揚げて、フライドオニオンを作っておきます。これを豚肉を炒めるタイミングで加えて一緒に炒めると、風味が格段にアップします。

てま水野

テクニック

失敗しやすい!

しっかり色づくってどのくらい?

油も多く、玉ねぎも薄いスライスなので、強めの中火で炒めると色が変わるのが早いですが、ここでは、フライドオニオンを作るような気持ちで玉ねぎを炒めたいです。スライスした玉ねぎの先端がたぬき色くらいまでに濃く色づくくらいまで、しっかりと炒めましょう。

③ 豚肉とにんにく、しょうがを加えて炒める

豚肉とにんにく、しょうがを加え、肉の表面が色づくまで炒める

失敗しやすい!

この間に玉ねぎが濃く色づいてもOK

豚肉が色づくまで炒めていると、玉ねぎもどんどん色が濃くなって小さくなっていきますが、それで正解です。「玉ねぎが焦げている」と火をとめたり、火を弱めたりせずに、「これはうま味だ！」と勇気を持って炒め続けてください。

④ トマトとヨーグルトを加えてさらに炒める

ホールトマト、ヨーグルトを加えて水分がきっちり飛ぶまで炒める

失敗しやすい!

水分がきっちり飛ぶってどのくらい？

まだまだ

OK!

ホールトマトは潰しながらしっかりと水分を出しながら炒めます。最初はグツグツやシューという水分が多い音がしますが、炒めていくうちに最初に加えた油、肉から出てきた油だけが残りパチパチという音になります。そうなったらきっちりと水分が飛んでいる証拠です。

スパイスを加える

5 スパイスを加える

火をとめて、グリーンカルダモン、クローブ、シナモン、コリアンダーパウダー、レッドチリパウダー、ガラムマサラ、ターメリックパウダー、塩を加える

よく混ぜ合わせる

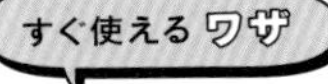

カルダモンはあらかじめ潰してから加える

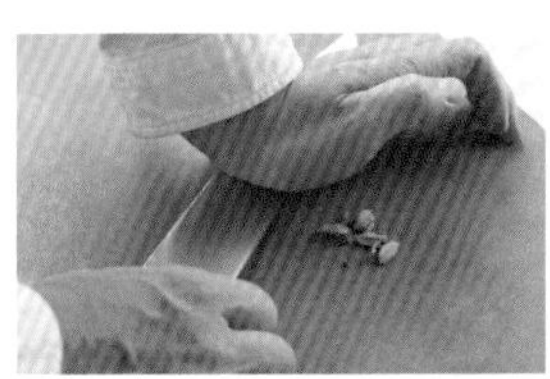

グリーンカルダモンはそのまま加えてもいいのですが、かんたんに香りがよくなるひと手間がこちら。包丁の背を使ってカルダモンを潰してから、殻と種子を一緒に加えます。

下準備	step 1 炒める	step 2 スパイスを入れる	step 3 煮る

ココ

煮る

水を加えて強火で煮立て、酢を加える。フタをして弱火で30分ほど煮る

フタを開けて強めの中火で程よいとろみになるまで2分ほど煮立てる。味見をして味が薄いと感じたら塩少々（分量外）を足す

ズル水野テクニック

梅酒を隠し味で使う

梅酒の甘酸っぱさを少し加えるだけで味に奥行きが出ます。梅酒の量は大さじ1程度がおすすめ。梅酒を入れるタイミングはお酢と一緒でOK。

なるほどPOINT

お酢はなんでもいい??

なんでもいいです。米酢や穀物酢、りんご酢などお好みの酢を使ってください。僕が最もよく使うのは、白ワインビネガーですが、ちょっと手に入りにくいかもしれません。レモン汁やライム汁でもOKですが、ちょっときりりとし過ぎるかも。酸味が入ることでカレー全体が引き締まり、風味が際立って感じられるんです。

なるほどPOINT

煮込めば煮込むほどおいしくなる？

肉を煮込む目的はふたつ。食感を柔らかくすることと、肉の味を抽出することです。煮込めば煮込むほど肉は柔らかくなります。繊維がほぐれ、ほろほろとしていく。味の抽出のほうは少し複雑です。一定時間以上煮込むと肉の内側と外側で味の行き来が始まる。肉の味は外へでてスープと融合し、新たに生まれた味が肉に戻ることもある。適正時間は肉の種類や部位、サイズによって変わりますが、味見してみるのがおすすめです。

基本のポークビンダルー
アレンジ

Basic Pork Vindaloo Arrange

P.113〜P.117のズル水野&てま水野のテクニックを全部使おう！！

ズル&てま ポークビンダルー

・豚肉を市販の角煮で代用すれば時短に！
・梅酒を隠し味に入れて、奥行きを出す

・カルダモンは殻を潰して香りを出す
・フライドオニオンにひと手間かけて ソースをなめらかに

材料（4人分）

油 … 大さじ3強
にんにく（みじん切り）… 1片（10g）
しょうが（みじん切り）… 1片（12g）
ペースト用
フライドオニオン … 50g
ホールトマト … 100g
プレーンヨーグルト … 50g
梅酒 … 大さじ1

ホールスパイス
グリーンカルダモン（殻をつぶす）… 5粒
クローブ … 5粒
シナモン … 1/2本
パウダースパイス
コリアンダー … 大さじ1
レッドチリ … 小さじ1
ガラムマサラ … 小さじ2
ターメリック … 小さじ1/4

塩 … 小さじ1弱
水 … 200ml
市販の豚角煮（煮汁も少々）… 320g
玉ねぎの中心部分（または小玉ねぎ）… 200g（3〜4個分）
穀物酢（または米酢など）… 大さじ1

作り方

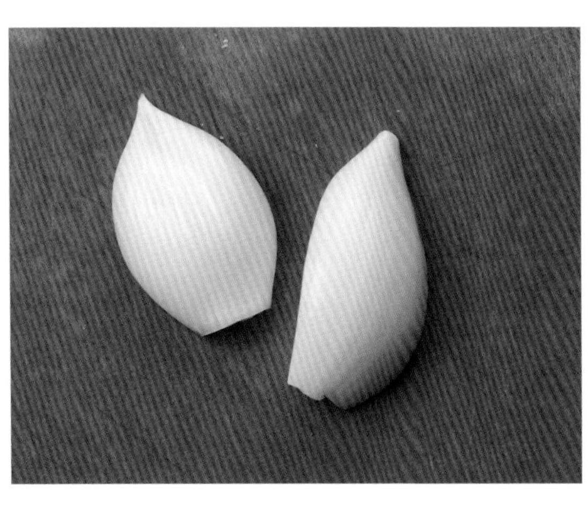

玉ねぎは二等分して中心部分を取り出しておく。にんにくは皮を取って、しょうがは皮ごとみじん切りにする。

Point

小玉ねぎがあれば、小玉ねぎを使う。ポークビンダルーカレーは煮込み時間が長いので、とろとろになり、具として楽しめる。

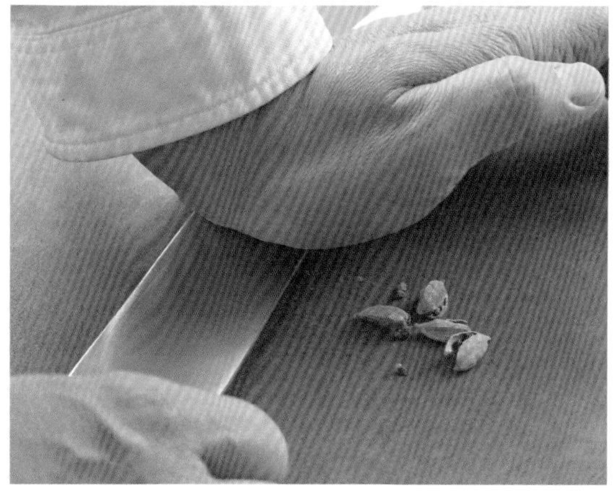

2

グリーンカルダモンは包丁の背などで殻をつぶしておく。

Point

グリーンカルダモンの殻をつぶしておくことで、より香りが出やすくなる。

3

ペースト用の材料をミキサーまたはブレンダーでペーストにする。

Point

フライドオニオンやホールトマトはそのまま加えるよりも一度ミキサーなどでペースト状にしておくとカレーソースがよりなめらかになる。

step 1 炒める

4

鍋に油を強めの中火で熱し、にんにくとしょうがを加えてほんのり色づくまで炒める。ペーストを加えて混ぜ合わせ、梅酒を加えて炒め合わせる。

Point

梅酒を隠し味に入れると、味に奥行きが出る。

5

水分がきっちり飛び、「カレーロード」ができるまで炒める。

Point

木べらで混ぜたときに水分がなく戻らない程度まで（カレーロードができるまで）炒める。

step 2

スパイスを加える

火をとめて**ホールスパイス**、**パウダースパイス**、塩を加えて混ぜる。

step 3

煮る

水を加えて強火で煮立て、豚角煮（煮汁も少々）と玉ねぎの中心部分（または小玉ねぎ）を加える。

Point

角煮が切れていない場合は、適当な大きさに切っておく。角煮と一緒に煮汁も少々加えるとうま味がプラスされる。

酢を加えて再び煮立せる。

完成

フタをして中火で５分ほど煮る。味見をして味が薄いと感じたら塩少々（分量外）を足す。

Point

市販の角煮を使うことで煮込み時間は５分でOK！　短い煮込み時間なのにうま味が凝縮された味になる。

ズルい

豚バラスライスカレー

材料（4人分）

油 … 大さじ 2 強
にんにく(千切り) … 1片(10g)
しょうが(千切り) … 1片(12g)
豚バラ肉（スライス）… 450g
ホールスパイス
グリーンカルダモン … 3 粒
クローブ … 5 粒
シナモン … 1/2 本
パウダースパイス
コリアンダー … 大さじ 1
レッドチリ … 小さじ 1
ガラムマサラ … 小さじ 1
ターメリック … 小さじ 1/4
塩 … 小さじ 1/2 弱
水 … 200ml
フライドオニオン … 50g
はちみつ … 小さじ 2
トマトケチャップ … 大さじ 1
穀物酢（または米酢など）
… 大さじ 1 と 1/2

作り方

1 鍋に油を強めの中火で熱し、にんにくとしょうがを加えてさっと炒め、豚肉を加えて火が通るまで炒める。

2 火をとめて**ホールスパイス**、**パウダースパイス**、塩を加えてよく混ぜ合わせる。

3 水とフライドオニオンを加えて強火で煮立て、はちみつとケチャップ、酢を加えてフタをして弱火で 5 分ほど煮る。

長時間煮込まなくてもいいポークカレーを作りたい。だから豚肉をスライスにしました。5 分で火が入ります。ついでに玉ねぎも炒めたくない。だからフライドオニオンを使うことにしました。加えて煮るだけでOK。豚肉の味は想像以上に味わえるはず。

ポークビンダルーカレーバリエーションレシピ❷

てまをかけて

ビーフビンダルー

ポークビンダルーを覚えたら、ビーフビンダルーもできます。豚肉を牛肉に変える。大事なプロセスは変わりません。炒めてスパイスを混ぜて煮込む。赤ワインで奥深い風味をアップしましょう。

てま水野ポイント

材料（4人分）

油…大さじ3強
玉ねぎ（スライス）…小1個（200g）
牛バラ肉（ひと口大に切る）…450g
にんにく（すりおろし・チューブ可）…1片（10g）
しょうが（すりおろし・チューブ可）…1片（12g）
ホールトマト…100g
プレーンヨーグルト…50g

ホールスパイス
- グリーンカルダモン…3粒
- クローブ…5粒
- シナモン…1/2本

パウダースパイス
- コリアンダー…大さじ1
- レッドチリ…小さじ1
- ガラムマサラ…小さじ1
- ターメリック…小さじ1/4

塩…小さじ1強
赤ワイン…100ml
水…250ml
穀物酢（または米酢など）…大さじ1

作り方

1 鍋に油を強めの中火で熱し、玉ねぎを加えて揚げるように炒める。牛肉とにんにく、しょうがを加えて表面全体が色づくまで炒める。ホールトマトとヨーグルトを加えて水分がきっちり飛ぶまで炒め合わせる。

2 火をとめて**ホールスパイス**、**パウダースパイス**、塩を加えてよく混ぜ合わせる。

3 赤ワインを加えて強火で煮立てる。水を加えて再び煮立て、酢を加えてフタをして弱火で30分ほど煮る。フタを開けて強めの中火で程よいとろみになるまで2分ほど煮る。

CURRY Q&A その②

Q スパイスカレーを作っても**家族があまり食べてくれません。**何かいい方法はありませんか？

A 必殺技があります。それは「カレールウを隠し味に使う」ことです。たとえば、家族４人分のスパイスカレーを作ります。自分の分だけとりわけて盛り付ける。残った鍋に１人分とか２人分のカレールウを加えて溶かし混ぜる。スパイスの香りも立ちますが、食べやすい味わいも生まれます。ひとつの鍋でスパイスカレーとスパイス“ルウ”カレーの２種類ができてしまう。嫌がる家族に無理に食べさせることだけは避けましょう。

Q たとえばChapter 1のチキンカレーを**子どもに作る場合、**スパイスはどう変えればいいですか？

A 子どもが苦手なスパイスは、「刺激の強いもの」と「辛みの強いもの」です。前者の代表はホールスパイス。丸のままのスパイスは口の中で噛んでしまうと急に強い香りが生まれます。使わないようにしましょう。その代わり、全体になじみやすいパウダースパイスの量を増やすといいかもしれません。後者の代表は唐辛子（レッドチリ）。辛みは足したら引けません。レッドチリを使わず、同量のパプリカパウダーで代用してください。

Q カレーはひと晩寝かせたほうがおいしくなると言いますが、スパイスカレーもそうなのですか？

A 基本的にルウで作るカレーもスパイスで作るカレーも「ひと晩寝かせておいしくなる」ことはありません。とろみ（濃度）以外のすべての要素（うま味・香り・素材の味など）で作りたてのカレーのほうが上。それでも寝かせたほうがおいしくなる印象が生まれる原因は、「風味が混然一体となり、なじみがよくなること」と「温め直したときに煮詰まって濃度が上がること」のふたつが考えられます。そういう意味では寝かせるのもありですね。

Q できあがったカレーが**シャバシャバ**でした。何が問題でしょうか？また、どうすればいいですか？

A シャバシャバでおいしいカレーもあります。好みによりますが、想像していたよりも水気が多くなってしまった場合は、煮詰めて水分を飛ばしてください。もしくは、シャバシャバのまま食べることにして、塩を足してちょうどいい塩梅にしてください。水は一度加えてしまうと引くのが難しい。加えるときにレシピに書かれた量よりも気持ち少なめに入れましょう。足りなければ後から足すことができます。塩みとのバランスも大事です。

Q スパイスカレーを食べるときは、**白米のほかにどんなお米が合いますか？**

A まず白米はよく「カレーには硬めに炊いたほうがいいですか？」とよく聞かれます。好み次第です。僕は普通に炊くのが好きです。ただ、シャバシャバのカレーなどの場合、硬めに炊いたり、長粒米をブレンドしたりするとパラッとした食感になって、インドやタイのごはんに印象が近くなります。サフランライスにしたら豪華ですが、白米にターメリックパウダーを３合に対しふたつまみ加えて炊くと、いつもと風味と色が変わり、本格的な印象が強まります。

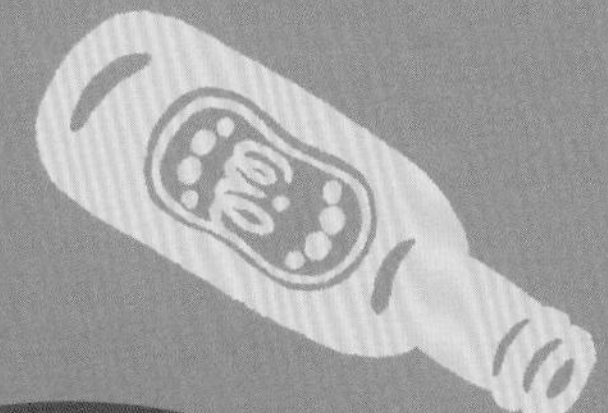

Q 多くのレシピが油大さじ３と、油を結構使いますが、本場インドも**こんなに油を使うのですか？？**

A インドでは、地域や料理によって油の使用量が異なります。ただ僕の知る限り、世界で最も大量の油を使う国のひとつ。４人分のカレーを作るとき、100ml（大さじ６～７）以上の油が入ることは珍しくありません。一方、タイカレーは現地では油を一切添加しないもの（ノンオイル）もたくさんあります。そう考えると日本のカレーは、多からず少なからず、バランスがいいのかもしれません。もちろん大さじ１や２でもできますよ。

Conclusion by Jinsuke Mizuno

おいしいカレーを作ることは、登山と似ています。
山頂から見た景色のすばらしさは、登った人にしかわからない。
もしかしたら、みなさんは、これまで市販のルウを使ったカレーを作り、
その景色を楽しんできたのかもしれません。ふと横を見ると別の山がある。
スパイスカレーという山です。あの山からの眺めはまた違うんだろうな。
でも、ちょっと険しそうだな。
すでにスパイスカレーの山を登り始めている人もいるのかも。
でも、なかなか思うように登れない。山頂だと思ったらまだ先に
道が続いていることに気づいたりして。もっといい方法があるんじゃないか。
そうやって本書にたどり着いた人もいると思います。
だから、山を登るときの姿勢、足の動かし方、息継ぎの方法などを
世界一ていねいに解説しました。
すいすい登れるようになったんじゃないかな。
おいしいカレーを食べたいだけなら店に行き、レトルトを温めればいい。
でもヘリコプターやロープウェイに乗るようなもので、味気ない。
スパイスカレーの魅力は作っているときから香りを楽しめること。
自分の足で山を登る喜びと同じです。これからも目いっぱい空気を吸って、
おいしいカレーを作り続けてください。

著者

水野仁輔

JINSUKE MIZUNO

AIR SPICE 代表。静岡県出身。1999 年以降、カレー専門の出張料理人として全国各地で活動。世界を旅しながらカレーのフィールドワークを行い、「カレーとは何か」を探求し続けている。カレーに関する著書は 60 冊以上。
また、レシピがついたスパイスカレーの定期頒布サービス「AIR SPICE」を運営中。
http://www.airspice.jp

Staff

撮影　市瀬真以
スタイリング　あずままちこ
イラスト　オザキエミ
デザイン　高津康二郎（ohmae-d）
編集　庄司美穂（グラフィック社）

スタイリング協力　UTUWA　チポーラ

初心者でも失敗しないテクニックがいっぱい

世界一ていねいな スパイスカレーの本

2024 年 5 月 25 日　初版第 1 版発行
2024 年 9 月 25 日　初版第 2 版発行

著　者　水野仁輔
発行者　津田淳子
発行所　株式会社グラフィック社
〒 102-0073
東京都千代田区九段北 1-14 -17
TEL 03-3263-4318（代表）
03-3263-4579（編集部）
FAX 03-3263-5297
https: //www.graphicsha.co.jp/
印刷・製本　TOPPAN クロレ株式会社

定価はカバーに表示してあります。

ISBN978-4-7661-3872-6　C2077